老板降本增效实战

任鑫苗
汪黎敏 ◎ 著
朱蒋航

公司降本增效的方法和措施

中国商业出版社

图书在版编目（CIP）数据

老板降本增效实战 ：公司降本增效的方法和措施 / 任鑫苗，汪黎敏，朱蒋航著. -- 北京 ：中国商业出版社，2024. 10. -- ISBN 978-7-5208-3151-2

Ⅰ. F275.3

中国国家版本馆 CIP 数据核字第 2024JS7548 号

责任编辑：杨善红

策划编辑：刘万庆

中国商业出版社出版发行

（www.zgsycb.com 100053 北京广安门内报国寺 1 号）

总编室：010-63180647　编辑室：010-83118925

发行部：010-83120835/8286

新华书店经销

香河县宏润印刷有限公司印刷

*

710 毫米 ×1000 毫米　16 开　14.75 印张　190 千字

2024 年 10 月第 1 版　2024 年 10 月第 1 次印刷

定价：68.00 元

****

（如有印装质量问题可更换）

序言

企业发展的关键词：降本增效

如今，"降本增效"在企业界已然成为一句流行语。很多企业在面对经营挑战时，都会提及这个词，希望通过它来扭转乾坤，但很多人对降本增效的理解似乎有些偏颇，认为只要减少人员、削减成本，就能达到降本增效的目的。但在我看来，真正的降本增效，不仅要开源，更要节流，要高质量地降本，"降本"和"增效"两手抓，两手都要硬。

所谓降本增效，就是通过优化管理、技术创新、流程改造等手段，降低企业运营成本，提高经营效率。这不仅是简单的成本控制或效率提高，更是一个系统工程，涉及企业的各个方面。

降本增效对企业的重要性主要体现为：首先，面对全球经济不确定性增加的大背景，企业降低成本，提高效率，就能积极应对外部环境的挑战，正确应对可能的市场波动和风险。其次，优化资源配置、提高管理水平，企业就能更加稳妥地应对各种挑战，确保业务的持续稳定发展。最后，通过降低成本、提高效率，企业可以积累更多的资源，为未来的发展奠定坚实的基础。

简言之，降本增效就是通过梳理标准流程，重构经营行为，对人、财、物等资源重新配置，对组织架构、岗位职能等重新修正，对经营行为进行全生命周期设计。企业发展初期，各种设置和行为都是有序的，后来在市场的运行中，就会形成自身的生命发展轨迹。这种轨迹是一个相对独立的运行系统，不向外界输出能量也不向内吸收能量，原有的企业运行体系就会走向无序和混乱，组织机能也会慢慢衰弱，直至死亡。为了促进企业生命的延续，就要不断地吸收新的能量，远离死气沉沉的状态和管理的姿态，实施精益管理。这时，降本增效就是一剂猛药，一剂清醒剂，赋予企业新的能量。

在激烈竞争的今天，降本增效已成为企业追求长期稳定和持续发展的不二法门。企业只有不断探索和实践降本增效策略，提高自身运营效率和竞争力，才有利于未来的发展。

那么，企业该如何降本增效呢？为此，我们特意编写了本书。本书从企业实现高质量发展的关键引入，先介绍了企业一把手的主要任务，从战略高度解析了如何对待降本增效；然后通过年度经营计划的制订和落地、精益价值流、量本利模型、供应链数据规划、均衡生产、质量降本、采购降本、人才培养等多维度介绍，给读者以方法和措施的介绍。

书中内容融合我多年的从业经验，是企业降本增效的经验总结，值得企业老板和管理者阅读。仔细阅读，必将受益巨大！

任鑫苗
2024.5.11 于浙江宁波

目录

第一章
企业实现高质量发展的关键
一、企业发展两条路 / 2

二、企业实现高质量发展的 3 个关键 / 6

第二章
降本增效是一把手工程
一、何为降本增效 / 18

二、降本增效的 5 大目标 / 19

三、降本增效是一把手工程 / 27

四、常用的降本增效手段 / 28

第三章
从战略的高度解决企业发展瓶颈
一、何为企业战略？何为战略管理？ / 62

二、企业发展过程中会遭遇哪些瓶颈 / 64

三、战略分析的定义、分类和方法 / 66

四、从战略的高度解决企业发展瓶颈 / 73

第四章

年度经营计划落地——降本增效的运营载体

一、年度经营计划的定义和意义 / 88

二、年度经营计划的制订原则 / 89

三、年度经营计划制订"八段锦" / 92

四、年度经营计划的 3 大主要计划 / 97

第五章

精益价值流——一图总揽产品价值实现流程

一、价值和价值流的定义 / 102

二、何为价值流图 / 103

三、价值流图的图画步骤 / 107

四、价值流与精益生产 / 110

五、提高价值流的准则 / 112

第六章

量本利模型应用——掌握盈亏平衡点，明确利润增长点

一、什么是量本利分析法 / 116

二、量本利分析法的主要用途 / 117

三、量本利公式及原理 / 118

四、单一产品的量本利分析 / 120

第七章

供应链数据规划——目视化管理数据资产，实现数据增值

一、何为供应链管理及供应链数据化规划？ / 124

二、数据分析在供应链管理中的作用 / 127

三、供应链数据规划 / 129

四、供应链管理法则"降本增效"25 条 / 132

五、大数据分析在供应链与规划中的应用 / 135

第八章
均衡生产提效——生产削峰填谷，减少资源投入

一、均衡化生产的概念 / 140

二、均衡生产的要素和原则 / 142

三、总量均衡 / 144

四、品种均衡 / 147

五、均衡化生产的实施 / 152

第九章
质量降本——建立质量损失成本模型，明确每一分钱是如何失去的

一、质量成本的定义及组成 / 156

二、全面质量管理的主要 4 个阶段 / 158

三、精益质量系统的构建 / 160

四、质量改进与质量成本 / 161

五、预防是降低质量成本的关键 / 161

第十章
战略寻源和采购降本——与供应商协同建立降本共赢的机制

一、采购降本是降本链条的重要环节 / 164

二、采购降本的主要方法 / 165

三、采购降本的关键步骤 / 168

四、供应商优化策略 / 169

第十一章
库存管控——提高库存周转率，才会更赚钱

　　一、什么叫库存周转率 / 182

　　二、库存周转率计算公式　　/ 182

　　三、影响库存的因素 / 183

　　四、库存控制的基本方法 / 184

　　五、强化供应链管理，有效控制库存和提高库存周转率 / 186

第十二章
人才培养——降本增效的关键在于人

　　一、人才的定义 / 190

　　二、人才梯队的培养路线 / 191

　　三、人力资源规划 / 192

　　四、人才培养体系建设经常遇到的问题 / 196

　　五、建立人才培养体系的关键 / 197

　　六、建立基于才能的人才培养体系 / 199

第十三章
设计降本——降本是系统设计出来的

　　一、何为设计降本？ / 202

　　二、产品的成本是设计出来的 / 203

　　三、优化设计管理 / 207

第十四章
数智转型——企业数智转型，提高企业自运营能力

  一、数字化转型的定义及特征 / 212

  二、用智能制造的关键技术助力企业数字化转型 / 214

  三、智能制造推动企业数字化转型的路径和模式 / 218

  四、最终实现企业智能制造与智能运营管理 / 220

后　记 / 223

第一章
企业实现高质量发展的关键

一、企业发展两条路

打造数一数二的优质标杆企业

在企业管理中,要争做数一数二的优质标杆企业,在规模、技术、盈利能力等方面处于行业较高地位。

成功企业的标准之一就是行业领先,至少成为细分行业数一数二的企业。行业范围非常广泛,只有极少数"特殊的"企业才可能成为行业数一数二者,这也是衡量企业成功与否的第一硬指标。

在细分行业,无法位居前列的公司,成功的概率将低之又低。

1. 寻找细分市场的方法

细分市场,不是为了细分市场而细分,而是盯准品类,聚焦某个单品。要想寻找细分市场,可以采用以下方法。

(1)明确痛点。要盯准某一品类,通过使用场景和用途,深入研究消费者在使用产品时要达成的目的,简单来说,就是先有需求,再有产品。也可以是针对某小众需求,着力打造与竞争对手的不同,打造差异化,并凭借这个不同让消费者对品牌进行清晰的判断和定位,让大众的内心有更深刻的记忆。

(2)巨头看不上。在大品牌眼中,一些小众品牌或许比较普通和平凡,新生小品牌完全可以从中找到巨头企业不屑于玩、不会玩甚至玩不转的机会点,让品牌逆袭上位。

(3)巨头来不及。可以根据市场需求,创新形式,或开创全新品类,或开创新功能，去发现全新需求。因为是新品类，巨头还未介入，就能成功避开巨头用时间累积起来的优势，提前抢占消费者心智。

2.品牌如何打造市场？

为了打造市场，在细分领域，不同企业采用了不同的"打法"。

（1）从单品入手，抢占小众市场。即从深度聚焦小众品类或单品类入手。因为刚出现的新品类，大众一般不会绝对信任，但只要在赛道中抢占先机，就能够规避市场红海，从蓝海市场中突破。

（2）准确定位，树立品牌标签。即在建立细分市场基础上精准定位，做专才能做精，只有找准定位，才能与同类别品类区分开，因此要想让大众更深刻地记住你的品牌或产品，就要突出自身优势，凸显差异化，让自己的品牌鲜明独特。

（3）专注个性，细分、细分，再细分。在客户需求日益多样化的今天，个性化需求越来越明显，要想弯道超车，就要把握细分中的细分，聚焦专、精、特新，抓住消费者需求，寻找新突破。

（4）深挖需求，打破行业格局。深度挖掘消费者需求，在现有市场中不断开拓新品类。市场需求是整个消费者市场的需求总和，了解了市场的容量后，就能钻研出更好的方案。所以，除了了解市场容量外，更要根据大众的欲望和消费能力去研究，从而获得大众群体的支持。

不做粗放型企业

在企业管理中，粗放型企业在企业规模、技术、盈利能力等方面与行业水平还有较大的差距。这种企业在经济投入、成本控制、人员管理和质量监管等生产环节都没有制定合理有效的运行体制，只是为了完成某既定目标，而没有一个科学有效的过程。

精细化管理是一种现代管理理念和方法，强调通过对管理过程的精细化、规范化和标准化，提高效率和效益，其核心思想是"精、准、细、严"。其中，"精"是指做精、求精，追求最佳、最优；"准"是指准确、准时，遵循规律；"细"是指做细，把工作做细，把管理做细，把流程管细；"严"指执行严格，体现了对管理制度和流程的执行与控制。精细化管理，企业管理活动会被分解和细化，对各环节进行精确化规划、组织、协调和控制，实现管理的高效率和高质量。

精细的前提是规范，企业规范化管理的核心，建立组织规范化、流程规范化、作业规范化、质量规范化、现场规范化和制度规范化，从粗放式管理向精细化管理转变，不是一蹴而就的事情，而是需要企业全体人员沉下心来，一步一个脚印地去扎实推进。

1. 更新思想，转变观念

摒弃与现代企业管理不相适应的思想，消除与精细化要求不相符合的行为习惯，树立"时间就是金钱""效益就是生命""细节决定成败""一份工作一份责任""执行就是能力，落实就是水平"等观念，端正科学态度，把每件事做到位，打造"精、准、细、严"的工作作风。

2. 瞄准目标，积极执行

没有目标就没有管理，执行目标是精细化管理的指针。首先，要把公司的发展战略目标和年度经营工作目标分解到各个系统，落实到各个部门，量化到车间、班组和员工个人，建立日、月、年度目标管理体系。其次，要以结果为导向，强力推进目标执行，做到当日事当日毕，日清日高，形成上下团结协作、全员尽职尽责的工作局面。

3. 优化运营流程

流程是将输入转化为输出的一系列资源和活动的集合，包括运营工作流程和管理工作流程。要想优化流程，首先，要加强公司运营和管理流程的分析和研究，使其程序化和标准化；其次，要加强对流程的控制和改进，缩短业务流程，提高公司反应速度；最后，要重点改造各流程环节的价值，消除各种隐性浪费，如生产次品、生产等待、不必要的加工、不必要的人工活动和内部转运等。

4.提高工作效率

要想提高工作效率，首先就要清晰界定各部门、各岗位的职责和权限，选聘符合要求和能够胜任的人员履职，精兵简政，减少冗余人员；其次，加强员工职业培训，提高员工职业技能；最后，加强班组和重点岗位的工作研究，着力创新工作方法，增强协作能力。

5.严格控制成本

成本控制是企业取得竞争优势的重要条件。为了做好成本控制，首先，要了解成本的结构，做出成本最优决策；其次，准确编制成本计划，在过程中控制成本；再次，准确进行成本核算，深入进行成本分析；最后，全面完成成本考核，从环节入手，从细节着力，加强公司成本管理体系建设。

6.建立企业标准

标准化是工业化的主要特征，是精细化管理的重要标志。建立企业标准的主要内容包括：推行标杆管理，向国际国内先进企业学习，逼近行业先进标准；树立内部标杆岗位、标杆班组、标杆车间、标杆部门，完善经营、生产、供应、人力资源和设备管理等标准，全面提高公司管理水平。

7.健全考核体系

有些企业做不到精细化，多半是因为缺乏考核评价。因此，首先，要健全企业考核和评价体系，用数据说话，凭业绩取酬。其次，要通过分配和利益引导机制，淘汰落后，鼓励进步，彰显先进，推进精细化管理。

二、企业实现高质量发展的3个关键

巩固方针：开源节流、降本增效

复杂多变的局势和严峻的经济形势，给企业带来了巨大的挑战和压力。面对日益激烈的竞争、不断上升的成本等困境，企业要迅速适应，采取有效策略，而"开源节流，降本增效"就是企业求生存谋发展的必经之路，因为企业的高质量发展需要以高质量经营为依托，而高质量经营的本质是盈利。

1.什么是开源？什么是节流？

开源节流，是中国古代的一种理财思想。开源是指促进生产、开通渠道、增加社会财富；节流是指轻赋薄敛、撙节支出，即理财之道在于积极发展生产，培植财源，同时减轻百姓负担和节省政府开支，达到民富国强的目的。

该思想最早由春秋时期的思想家孔丘提出，在《论语·颜渊》中关于"百姓足，君孰与不足；百姓不足，君孰与足"的论点集中反映了孔丘重视培养财源的理财思想。

战国时期的思想家墨翟也很重视发展生产和节省支出，在《墨子·七患》中关于"其生财密，其用之节"的观点也反映了墨子的节用裕民思想。

后来，荀况兼取了孔丘和墨翟的思想，提出开源节流的理财思想，不仅指节用，还包括轻赋薄敛政策。其在《荀子·富国》中说："故田野县鄙者，财之本也；垣窌仓廪者，财之末也；百姓时和，事业得叙者，货之源也；等赋府库者，货之流也。故明主必谨养其和，节其流，开其源，而时斟酌焉。"也就是说，理财治国之道，需要从鼓励生产这一根本入手，轻赋薄敛，让百姓按时耕种以广开财源；同时，努力节省政府支出，充实国库并留足后备。

在现代企业管理中，开源是指增加新的经营渠道和新的经济增长点，这个主要对外，经营为主；节流就是成本控制，减少或降低开支，总目标是为企业多盈利，这个主要对内，侧重管理。

2. 如何开源节流、降本增效

面对严峻的市场环境，企业只有充分利用手中的资源，节约成本，不断开发新业务，提高服务水平等，才能开拓新的利润源，减少添置费用与闲置设施。那如何"开源节流、降本增效"呢？

（1）做好现金流管理。无论应对哪种危机，现金都是王道。企业应积极推行精益生产，提高应收账款周转率，努力降低库存，充分梳理债权债务，尽快回笼应收款项，在紧缩投资中降低赊销，确保企业拥有充足的现金"过冬"。

（2）向企业内部要利润。开销是企业对运营成本进行管控的第一环，关乎对成本源头的把控，决定了是否适销，需要不断探索和优化管理制度，进行全面管理。具体地说，涉及如下问题。

①确定原材料采购价格时，首先要货比三家，注意采购过程中与成本相关的部分，以获得更大资源的支持。其次，要培养"砍价能手"，提高采购人员的市场敏感性，密切注意行业动态。最后，要有效整合供应商的资源，同供应商结成战略伙伴，建立长期稳定的合作关系以及互信共同体。

②提高存货周转率（库存周转率），合理控制存货，减少资金占用。

③使管理流程制度化，运营规范化，强化管理控制，提高工作效率。

④树立全员成本节约意识。

（3）延伸财务管理职能，改变意识形态，为公司创利。财务部门既要成为成本中心，又要成为利润中心；既要处理账务，进行成本核算，又要为企业经营决策提供数据与服务支持。

（4）加强人力成本管理，提高工作质量。企业首先要根据行业特征、产品生命周期、竞争状况和策略目标等需求，建立责任明确的体系，建设高绩效团队，打造高效能企业。其次，要适当进行人员精减与淘汰，节约不必要的开支，提高效率。最后，对各科室岗位设置及人员配置做出合理评价，制订人员培养提升计划，实行精兵战略，真正做到"少增人员，提高效益"。

（5）降低直接生产成本，提高产品竞争力。直接生产成本主要是指生产一种产品所需的直接成本，包括原材料、配件及工人工资、厂房租金、水电费用等。在生产过程中，要合理正确地使用材料，一次就把事情做对；利用技术创新，提高工作效率；利用熟练员工，淬炼传承工作方法和技能，减少人为失误等，并通过有效管理来降低成本。

总之，开源节流不是简单的一个概念，不应停留在口号上，而是要体现在切实的行动中。对企业来说，省一分钱就是赚一分利润。企业要有高度的成本意识，从点滴做起，每个部门、每个人都应以此为己责，形成千斤重担人人挑、个个头上有指标，自觉接受各项考核和监督，积极主动地为降低成本和增大效益等出谋划策。

增强方针：增强企业活力，做好经营规划

企业实现高质量发展的第二个关键是，在盈利的基础上，以实现高质量发展为前提，坚定地执行下去，促进活力的提高。

1.增强企业活力

任正非曾提出过一个重要的观点：公司取得成功的两个关键是"方向

只要大致正确，组织必须充满活力"。也就是说，在方向大致正确的情况下，组织充满活力是确保战略执行的关键。

所谓的组织活力，通俗地说就是：从竞争对手角度看，组织活力强的组织能做到竞争对手做不到的事情；从客户角度看，组织活力强的组织，客户感受好；从员工角度看，组织活力强的组织，工作积极、成长进步快、工作有热情、不计较眼前得失。

（1）什么样的组织才算有活力？有活力的组织一般都具有以下4个特点。

①优胜劣汰。很多企业之所以缺少活力，很大原因就是管理者"只能上不能下"。俗话说"请神容易送神难"，企业提拔一个人很容易，但这个人上来以后下得去吗？这是体现组织活力强弱的一个重要方面。为了做到管理者能上能下，企业就要建立优胜劣汰的机制，用业绩说话，让能者上、平者让、庸者下。没有优胜劣汰的机制，员工只有升职加薪，最后的结果必然是，优秀的人才进不来，原有的人才又失去了创造力，如此团队就缺少了活力。

②岗位匹配。美国著名学者库克提出的"创造力曲线"表明，创造力的发挥有一个最佳时期，即员工入职后到2.5年的时间，超过了这个年限，员工的创造力就会进入衰减稳定期。企业的发展带来岗位要求的变化，为了保障岗位员工的创造力，应建立诸如轮岗、轮值制度，及时将岗位上的员工退出，变换工作岗位和环境，做到"能左能右""能上能下"。

③人员能进能出。企业容易走两个极端：一是整年下来，没有人才流失；二是人才流失率太高。通常，企业的人才流失率控制在6%~8%是相对合理健康的。所以，人员能进能出是组织有活力的体现。优秀人才进不来，即使空降了"高人""能人"，也会被原来的团队排挤掉，造成"老人"越来越多，出现员工失去创造力、缺乏工作激情、没有业绩、不求有

功但求无过的工作现象。要想消除这种现象，就要建立赛马PK机制，让员工在实际的岗位和工作中竞争，用业绩说话，用数据说话，最终脱颖而出。

④工资升降有度。这里的工资，可以区分为一般性的劳动收入和绩效评估的收入。要让员工从思维上认同并接受自己的收入是有起伏的，不是一成不变的。从这个角度讲，就要求企业推行绩效考核制度，让团队认知并接受工资能升能降的事实。

（2）如何激发组织活力？激发组织活力是一个系统性工程，单靠一招一式起不到任何实际作用，需要从以下7个方面着力。

抓手1：打造愿景

团队成员有着不同的背景、不同的年龄、不同的种族、不同的宗教信仰、不同的思维方式，要让他们围绕一个目标去努力，就需要一个长期的愿景。在独特的愿景召唤下，团队成员会将团队愿景与个人的信仰和价值观结合起来，凝聚在一起，共同为完成愿景而努力。不过，在塑造愿景的过程中，要考虑以下因素。

①了解团队成员。区分不同的类型，考虑到大家的需求，领导者需了解自己团队中的每一个成员。

②分阶段实现愿景。大家的意志和思想要形成一个共识，就是我们为什么要一起做这件事？多数人不知道自己要干什么，需要愿景和目标来引领。

③制定阶段性目标。制订一个可行的、切实的、可以往前推进的计划，然后按照计划执行。

做到以上这些，团队才能抵御未来出现的各种变化和冲击。

抓手2：责任细化

要遵循"责权利匹配"原则，将责任细化到最小单位。首先，要搭建具体的量化数据体系，即绩效评估体系。其次，领导者要用数据去评估员工工作的优劣。一个人做决策，大家都在负责，在责任上"吃大锅饭"，最后会变成大家都没有责任、"一团和气"。

抓手3：权力分配

首先，权力的本质是服务而不是控制。管理者在被公司赋予了权力后，要主动去服务他人。抱着控制别人的心态去行使权力，最后就会发现人越来越不受控制；只有抱着服务的心态去看待这个权力，才会让越来越多的人愿意接受你的领导和服务。

其次，分权是"分身"而不是"瘦身"。"分身"是委托管理，而"瘦身"是甩手管理。所以，管理者要明白，授权时要秉持"分身"原则，即把原来需要亲自处理的事委托给另一个人去做，而自己由执行者变成监管者。"不瘦身"的意思是，授权后管理者要通过看数据、看陈述报告PPT的方式，了解员工每天的工作日志，做到知情管理。

抓手4：利益分配

员工参加工作，目的之一就是解决生计问题，从组织得到相应的物质回报。对于管理者来讲，愿不愿分，是格局问题；会不会分，是能力问题。不分，无法聚集人；分不好，意见也很大。因此，管理者不仅要敢于分配，舍得分配，还要建立起成员共同认可的价值评价标准。

抓手5：正确选人

合适的人才，通常都具有这样几个素质和特质。

①高成就动机。他们渴望成功，喜欢迎接挑战，把创造更大的成就作为奋斗目标，不满于现状，在工作上执着追求，总希望把事情做得更好。

②高学习力。他们具备快速学习的能力，能适应不同岗位的工作和发展要求。

③聪慧敏锐。他们反应敏捷，能快速抓住问题的主旨并准确决策，有

较强的洞察力。

④坚忍不拔。有较强的压力忍受度,信念坚定,不易放弃,能够坚持把一件事情做好。

抓手6:组织氛围

组织氛围就像一个能量磁场,具有很强的感染力,能够让委身其中的人不由自主地被同化。好的组织氛围能让员工始终认为工作是一件快乐的事,从而愿意留下来工作。管理者要在组织中形成一种相对公平、公正的氛围,一种相互协作、分享经验和教训的氛围等。

抓手7:流程建设

流程不顺,会极大地损耗员工的精力,打击员工的积极性,影响组织活力。因此,管理者要从企业经营的全局系统出发,不断优化流程。通过流程的优化和梳理,减少流程内耗。

2. 做好经营规划

要想在不断变化的市场中保持竞争优势,企业需要通过年度经营计划来确立目标、制定策略,并有效分配资源。

首先,良好的企业经营规划,能帮助企业明确长期发展战略及短期经营目标,使员工对公司的愿景达成共识并为之共同努力,激发员工的工作热情与创造力,增强团队凝聚力,促进企业向前发展。

其次,企业经营规划不仅是指导公司日常工作的纲领性文件,更是衡量管理工作成效的标准。通过对实际运行情况与既定计划进行对比分析,管理者就能及时发现问题所在,有针对性地改进管理方法,促进企业内部管理机制改革,提高整体管理水平。

那么企业经营规划到底应该怎么做?

(1)制定经营目标。即通过复盘、行业分析等确定经营目标。关于制定目标,企业战略要尽量宏远一点,但经营规划不要太宏大,也不能轻易就能达成。最好的尺度是"伸手不及，跃而可至"。另外，管理者要看到商业底层逻辑，透过现象看本质，具备深入思考的能力，尽力做全量信息扫描。

（2）制定经营策略。经营策略主要围绕产品、价格、渠道等维度来展开，具体如下。

①产品策略。依据市场竞争环境的激烈程度，将产品序列划分为引流产品、主打产品、形象产品、利润产品等。

②价格策略。定位各项业务的竞争价格带，以竞争为导向，明确高、中、低价格带产品业务的渠道价格体系。

③渠道策略。明确各项业务的主营渠道与辅营渠道，制定与渠道相匹配且具有竞争力的进货政策，提高市场在渠道的占有率。

④促销策略。渠道促销要结合产品的淡旺季、竞争对手的促销政策来制定。

（3）制订部门经营计划。在公司整体规划之下，以战略目标为基础，分解出部门目标与规划。各部门负责人要结合经营策略，制订各部门分工计划，包括营销计划、市场计划、品牌计划、生产计划、采购计划、研发计划、人资计划、财务计划等。各部门经营计划内容包括各部门的工作目标、实现目标的计划分解、目标实施方案、所需的资源预算、横向部门的支持事项等。

提高方针：提高产业链水平，形成新的竞争优势

提高产业链水平，形成新的竞争优势，是促进企业高质量发展的方针。

在经济学中，产业是指生产同类或有密切替代关系和竞争关系的产品和服务的企业的集合，是社会分工和生产力发展的结果。随着生产力的发

展,产业的内涵不断充实,外延不断拓展,同一(类)企业,依据不同的标准,就可能从属于不同的产业部门,随着分工的深化、科技的发展,产业不断细分,产业分类日益呈现多样化、复杂化趋势。

产业链是上下游企业或各个产业部门之间基于一定的关系而形成的链条式分工协作与关联形态,内部的企业群体存在相互依存关系和价值交换等关系,是一个完整的生态系统。

1. 现代化的产业链特征

从本质上来说,产业链现代化是产业现代化内涵的延伸和细化,运用先进的科学技术、产业组织方式和新业态、新模式对传统产业链进行转型升级,这是大力发展新质生产力的要求,以使产业链具备高端链接能力、自主可控能力和领先于全球市场的竞争力水平。

(1)产业基础高级化。没有产业基础的高级化,就不会有产业链的现代化,前者是后者的前提条件。产业基础主要包括:产业发展所必需的基础关键技术、先进基础工艺、基础核心零部件和关键基础材料工业"四基"。

(2)产业链安全稳定、核心技术自主可控。现代化产业链只有实现高水平科技自立自强,才能确保产业链安全稳定,关键时刻不被"卡脖子"、掉链子。

(3)高附加值、高盈利能力和高国际竞争力。现代化产业链要是高度国际化的,且具有国际竞争力和影响力、附加值和盈利能力的产业链。其主要产品和服务处于全球价值链中高端,且能够在全球范围内自主配置资源,进行资源整合。

(4)绿色化、生态化。随着人们对健康与节能环保的日益重视,产业链整体上向低碳、绿色、循环、可持续方向发展。现代化产业链应实现高效的产出和资源环境的持续利用。

（5）数字化、智能化、网络化和韧性。现代化的产业链能够利用人工智能、大数据等现代信息技术打造智能化、信息化、网络化的供应链。同时，能根据市场变化，灵活、及时地作出调整，以在市场出现危机时具有较强的韧性和抗冲击力；产业链上下游和生产制造各环节等衔接紧密，具有高度协同性。

2. 提高产业链供应链现代化水平

产业链供应链现代化与产业体系现代化的方向是一致的，要深刻理解和把握新质生产力，抢抓新一轮科技革命和产业变革机遇，加快产业升级和转型发展，努力提高产业链供应链现代化水平着力点。

首先，要依靠自身力量并有效利用外部条件，持续提高自主创新和原始创新能力，实现高水平科技自立自强，不断增强综合发展能力和核心竞争力。

其次，要充分发挥企业在增强产业链供应链自主可控能力方面的重要作用，积极参与企业强链补链行动，做强长板优势，补齐短板弱项，打造新兴产业链条。在产业链供应链的关键环节和高端领域快速布局，打造具有现代化水平的产业链供应链。

再次，要加强产业链供应链现代化人才支撑，完善高技能人才培养模式和体制，通过多种方式吸引人才、留住人才，形成产业链供应链现代化人才队伍。

最后，要适应全球产业链供应链加速转型的大趋势，推进产业链供应链数字化、网络化、智能化、绿色化改造升级，促进数字经济与实体经济的深度融合。

3. 提高产业链、供应链稳定性和竞争力

要想提高产业链、供应链稳定性和竞争力，要重点关注以下几个方面。

（1）构建有活力的产业链供应链生态体系。具体方法如下：①强化产业链联动，构建自主可控、运转稳定的生产供应体系；②向有基础、有优势的产业集聚区布局，优化集聚区资源流动和配置；③强化产业生态圈建设，以优势产业链提高供应链韧性和安全水平；④推进供应链创新发展，支撑产业补链、延链、固链和强链。

（2）积极进行产业链供应链转型升级。具体方法如下：①加快数字化转型，发挥企业的积极作用；②促进企业链式协同融通发展，推动创新链与产业链深度融合；③发挥顶层设计的引领和指导作用，促进区域产业合理分布和上下游联动；④改善和优化营商环境，降低企业经营成本和制度性成本。

第二章
降本增效是一把手工程

一、何为降本增效

什么是降本增效？

降什么本，增什么效？

这些都是企业需要理顺的问题。

降本中的"本"是什么？

表2-1 降本中"本"的理解

非经济成本		又叫互动成本，如沟通成本、决策成本及协调成本等
经济成本	财务成本	是指广义上的财务成本，如材料采购成本、三项费用等
	人工成本	如人才获得成本、人才使用成本、人才管理成本等

增效中的"效"是什么？

表2-2 增效中"效"的理解

效率	可以用"效能"来表示，包括人效与财效等
效益	可以用"收益"来表示，主要指财务收益，包括营收和利润等
效应	主要指"协同效应"，代表组织内各岗位、各部门人员能否高效协作，产生"1+1＞2"的效果

基于上述两个表格，可以发现降本增效的概念远比我们想象中的认知要复杂，没搞懂其概念便启动降本增效项目，多半无法取得满意的结果。

例如，有些企业实施降本增效时，紧盯财务成本和结果收益，既没有基于决策流程去降低决策成本，也没有通过发展沟通协调能力去促进跨职能的横向协作，必然不尽如人意，尽管老板感到焦虑，但负责人却仍不明所以地认为结果"是不是员工裁少了"。

理解了降本增效的概念后，就能参透其两大特征。

1.降本增效不等于人效管理

将降本增效和人效管理看成同一个概念，容易导致企业在实施降本增效时采用单一手法。换句话说，人效管理可以助力企业降本增效，但达成降本增效的方法不应只有人效管理。

2.降本增效是一套各职能有效协同的"组合拳"

达成降本增效的方法可以来自不同的职能，企业需要站在更高的维度去思考如何整合来自不同职能视角下的解决方案。例如，企业要想通过裁撤非核心业务或投资回报周期过长的业务，使得自身业务变得更为聚焦，在组织设计时就要精简该业务架构，职能结构不能出现臃肿或冗余的情况。

所以，企业想要正确地降本增效，共有两个前提条件：一是理解降本增效的概念；二是洞悉降本增效的两大特征，否则企业就容易出现各种错误实操，甚至完全跑偏。

二、降本增效的5大目标

降本增效的目标主要有5个。

目标1：提高利润和竞争力

通过降低成本和提高生产效率，企业就能获得更高的利润，并在市场竞争中获得更大的优势。

（1）现代化管理可降低成本。要降低成本，就要抓住管理这个总纲。企业将成本管理与经济责任制结合起来，强化成本核算，加强产、供、销、财务等各环节管理，把原材料、辅助材料、燃料、动力、工资、制造费、行政费等各项费用都细化到产品成本中，使成本核算进车间、班组、个人，就能将成本的静态控制变为动态控制，将降低成本落实到每个员工的具体行动中。

①加强供应管理，控制材料成本。企业应关注原料市场的行情，制定采购原材料价格目录，实行比价采购的办法，货比三家、择优选购，同质的买低价，同价的就近买，同质同价，能用国产不用进口，就能达到降低成本的目的。

②加强物资管理，降低物化劳动消耗。物资储量和消耗量的高低直接影响着产品成本的升降，从物资消耗定额的制定到物资的发放，企业都应进行严格控制。对原材料等物资的消耗用品实行定额分类管理，重点要控制订货批量和库存储备等内容，应按照适用、及时、齐备、经济等原则下达使用计划，并与财务收支计划和订货合同相结合，纳入经济责任制考核，以防止各种不必要的浪费，达到合理储存、使用物资、降低成本、提高效益等目的，这样既能保证生产的合理需要，又减少了资金的占用。

③强化营销管理，降低销售成本。在销售业务发生前，对客户的营运状况和承付能力认真调查核准，不贸然发货，不搞"感情交易""君子协议"，可以避免不必要的经济损失；同时，本着既要节约又要调动积极性的原则，对工资、奖金、差旅费、补助、业务费及装卸费、短途运输费、中转环节等费用制定管理办法，严格考核与奖惩，对拖欠的货款，积极清收，对积压的产品，积极清理。

④加强资金管理，控制支出，节约费用。企业建立健全财务监督体系，积极推行模拟市场核算，不仅能降低成本，控制费用，提高经济效益，并避免用钱无计划、开支无标准，多头批条和资金跑冒滴漏等现象，还能严格控制资金，加强行政费用及事业性费用的核算，包括行政费用、差旅费、办公费等的开支。

（2）改造技术，可降低成本。近年来，原材料价格上升、能源提价对成本的上升影响很大。企业进行技术改造是降低成本的重要途径，通过技术改造，采用新技术、新工艺和新材料，就能提高产品技术含量，开辟降低生产成本的途径。

①要注重工艺技术改革，积极采取新技术、新工艺节能降耗，从根本上减少原材料的消耗。这一做法的关键是要在达到产品质量目标的同时，保证成本控制目标的实现。

②降低项目建设成本，以较少的投入求得较多的回报。选准项目时机，准确立项，快速实施，在保证质量的前提下，加快技改的工程进度，就能降低项目建设成本，争取早日获得投资回报。

（3）深化改革，可降低成本。深化企业改革，激发员工的劳动热情，提高员工素质，建立适应市场经济的精干高效的运行机制，也能降低成本。

①改革人事制度，从战略性高度做好人力资源规划，打破管理者和员工的界限，用好"肯干、能干、干好"的用人原则，实行招聘与聘任制相结合的人事制度，优化劳动组合，竞争上岗，优胜劣汰，做到"能者上、庸者让、差者下"，调动全体成员的积极性，提高劳动生产率，增强管理者和员工的工作责任感和危机感，发动全体人员投入降本增效的工作。

②核定劳动定员，改革内部分配制度，减少因非生产性人员过多造成的消耗。根据各科室、车间的工作性质、工艺复杂状况、劳动强度、工作环境等因素，采取相应的分配形式，向苦、脏、累、险和高技能岗位倾斜，激发员工的劳动热情，增加有效劳动时间，降低单位产品的劳动消耗量和工资成本，精简职能科室，本着精干、高效的原则配备管理者，改变人浮于事的局面。

（4）质量过硬，可降低成本。在竞争异常激烈的情况下，谁的产品质量高，谁就有竞争力，谁的产品就有市场，谁就不会占用过多的资金。

①强化对质量管理的领导,让领导亲自抓质量,形成质量管理网络,积极反馈质量信息,进行质量分析,控制质量成本。

②制定严格的工艺技术标准,对供产销等各环节实行质量管理,不符合质量要求的原材料不采购,不符合质量要求的半成品不流入下道工序,不合格的产品不出厂。

③充实质量管理力量,完善质量管理制度,建立专职检测队伍,严把产品质量关,同时将质量管理纳入责任制考核,推行优质优价优工资、劣质废品罚工资的分配原则,来增强全员的质量意识,从而提高产品质量。

④开展质量管理小组活动,有计划有组织地进行质量攻关,对影响产品质量一时又难以搞清的质量问题,作为攻关课题落实到车间和班组,以此来提高产品质量。

(5)优化结构,可降低成本。

①优化产品结构。产品能否受到市场的欢迎,能否在市场中占有一定的份额,是降低成本的前提。产品销售不出去,造成积压,降低成本也就无从谈起。只有产品品种多,产品结构合理,才能满足不同层次消费者的需要,才能有稳定的市场,从而减少库存和产品资金占用,加快资金周转,加速产品扩散,加快市场渗透,提高市场占有率,进而达到降低成本的目的。

②优化资本结构。通过兼并和租赁等多种形式,就能加大资产的流动和重组,优化资本结构,实现资本的扩张,扩大生产规模、降低成本,提高市场占有率和竞争力,最终达到降本增产、增销增利的良好效果。

目标2:提高企业生产能力

降低生产成本和提高生产效率,企业就能更快地生产出更多的产品和服务,以满足客户的需求。

(1)优化供应链管理。降本增效,有助于提高企业生产效率。首先,企业与供应商建立稳定的合作关系，就能获得更有竞争力的价格和服务。其次，优化订货和生产计划，就能减少库存和运输成本。此外，采用先进的物流技术，如物流信息系统和智能仓储设备，可以提高物流效率，降低物流成本。

（2）提高生产效率。提高生产效率是工厂降本增效的核心目标之一。首先，优化生产流程，就能减少生产时间和资源浪费。通过详细的流程分析，找出瓶颈和低效环节，并采取改进措施，如流程再造、标准化操作等，就能提高生产效率。其次，改善设备利用率，可以提高生产效率。进行设备的维护和保养，确保设备正常运行，并采取优化设备配置和生产调度的措施，就能减少设备闲置时间。最后，通过培训计划和技能认证，可以提高员工的专业水平和操作技能，减少误操作和生产事故，提高生产效率。

（3）控制人力成本。人力成本是企业的主要成本之一，因此，控制人力成本是降本增效的重要目的。首先，根据企业战略规划人力资源，合理配置企业人员，以避免人员过剩或不足的情况，从而控制人力成本。其次，优化工作流程和提高员工效率也可以降低人力成本，通过精简工作流程、优化组织结构，可以减少非价值增加的工作环节，提高员工的工作效率和产出。此外，合理设计绩效激励体系，可以激发员工的积极性和创造力，也有助于降低人力成本。

（4）节约能源和资源。节约能源和资源，就能降低成本并提高资源利用效率。首先，采用节能设备和技术，如高效照明系统、能源回收装置等，可以减少能源消耗。其次，建立能源监控系统，对能源消耗进行监测和分析，就能找出节能潜力，之后可以采取相应的措施进行改进。此外，建立废料回收系统，将废料进行分类和处理，就能减少废料处理成本，并提供再循环利用的资源。

（5）引入先进技术和管理工具。引入先进技术和管理工具是实现降本增效的重要途径。首先，采用物联网技术、大数据分析、人工智能和机器学习等先进技术，可以实现生产过程的智能化和自动化。通过传感器和数据分析，可以实时监测生产状况，提高生产效率和质量，并降低故障率。其次，采用成本管理和控制的先进管理工具，如成本核算系统、预算管理软件和绩效评估体系，能建立成本监控、预警系统，这些可以反哺企业生产能力的提升。

目标3：提高客户满意度

提高生产效率和降低成本，企业就能给客户提供更高质量和更实惠的产品和服务，从而提高客户满意度。

（1）知道客户真正的诉求是什么？以客户为中心的服务核心是了解客户的诉求并满足，企业开发满足客户需求的产品可以获得市场。企业站在客户的角度思考，就能知道在不同的场景下，客户最终的诉求是什么。服务不是一个形式，也不是一个口号，而是要将自己代入客户的位置，进行换位思考，真正做到以客户为中心。

（2）比客户更早发现问题，并提前解决问题。之所以会出现问题，关键原因就是期望值和现状之间的落差，落差越大，问题就越大。企业对业务的敏锐度越高，发现问题的能力也就越强，而在问题发生之前或问题发生的初期就介入解决，可以减少客户投诉的风险。问题没有大小之分，只要和客户体验相关的问题，即使再小，也需要解决。

（3）一次性解决问题，用小成本解决大问题。吸引客户复购的主要原因中，占比最大的是服务质量，其次是产品本身，最后才是价格。所以，售后环节也是企业能否把客户从流失转变为复购的最后机会。面对这一问题，企业要制定一套针对售后问题的快速处理标准，让问题在发生时就能被解决掉。

目标 4：减少浪费

优化业务流程，实施精益管理，减少资源浪费和时间浪费，使企业更加高效和环保。那应该减少哪些浪费项目呢？

（1）等待浪费。由于生产原料供应中断、作业不平衡和生产计划安排不当等原因，员工不能为客户创造价值，而造成无事可做的等待，就会造成等待浪费。一方面，在传统的生产方式下劳动分工过细，一线员工只负责生产操作，设备出现故障时，就去找修理工；需要质量检验时，就去找检验员；需要更换模具时，就去找调整人员……这些停机找人的等待都是一种浪费。另外，工作量变动幅度过大，会造成员工有时忙、有时闲的现象；而不同工种切换时，如果准备不够充分或上道工序出现问题，就会使下道工序无事可做，这样也容易造成等待浪费。

（2）搬运浪费。搬运浪费是指在搬运中那些不产生附加价值的行为，如堆积、放置、移动、整理等动作的浪费。这些动作不仅会增加搬运的费用，还可能会让物品在搬运过程中丢失或损坏。

（3）不良品浪费。不良品浪费是指企业内出现不良品，进行处置时，企业需要在时间、人力、物力上进行再投入，而由此造成的相关损失也是一种浪费。这类浪费具体包括员工在工时上的损失、设备占用的损失、材料的损失、额外的修复、鉴别、追加检查的损失、不良品变成废品的损失、降价处理的损失、误期的损失和企业信誉下降的损失等。

（4）动作浪费。动作浪费是指生产中由于动作上的不合理而导致的时间、效率、场地、人员及人身等的浪费，比如，在实际操作中，一些不能产生价值的工作，就是动作浪费。

（5）加工浪费。加工浪费又称过分加工的浪费，是指在机械加工作业中，与工程进度及加工精度无关的不必要的加工。

（6）库存浪费。库存浪费是指原料、在制品、成品等超过了制造过程中所需的最合适的量而造成的浪费。产品库存过久，会产生锈蚀变质，加工或装配之前，就要花费更多时间去修整。此外，在制品和库存物资也需要员工清点、整理和整顿，这些都是无效的劳动和浪费。

（7）过度生产浪费。为了超额完成任务，过多地制造和提前生产所造成的浪费。过多过早地制造，会让生产过剩的成品、在制品堆满生产现场和仓库，从而增加制造场地和库存所需的面积，产生无用的运输和利息支出等。

（8）管理浪费。管理浪费是指由于员工积极性不高、自主管理能力不强以及管理制度不完善而造成的浪费。只有合理规划，加强协调、控制和反馈，才能减少管理浪费现象的发生。

目标5：提高员工满意度

提高生产效率和降低成本，企业就能提供更好的工作环境和福利待遇，提高员工满意度和忠诚度。

为了提高员工满意度，企业可以从以下几方面做起。

（1）优化招聘流程，降低招聘成本。优化招聘流程，如利用社交媒体、专业招聘网站等多元化招聘渠道，就能提高面试效率，减少无效面试，降低招聘成本。同时，通过精准的招聘策略，就能确保招聘到的人员符合岗位需求，从而降低因人员质量问题导致的生产成本。

（2）培训员工，提高员工技能和效率。制订和实施有效的员工培训计划，提高员工的技能和知识水平，就能提高工作效率。培训不仅能增强员工的归属感和忠诚度，降低员工流失率，还有助于员工更好地适应岗位需求，提高工作绩效。

（3）优化薪酬福利，激发员工潜能。合理的薪酬福利体系是激发员工工作积极性和创造力的重要因素。根据公司实际情况和市场行情，制定合理的薪酬福利体系，就能确保薪酬福利具有竞争力。同时，将绩效与薪酬挂钩，就能有效激励员工提高工作效率和质量，实现个人与公司的双赢。

（4）弹性工作，提高工作效率。推行远程办公、灵活工作时间等弹性工作制，可以降低办公成本，同时提高员工的工作效率和满意度。

（5）加强员工关系管理，降低员工流失率。建立有效的沟通机制、关注员工心理健康、提供员工关怀和福利措施等，可以增强员工的归属感和忠诚度，从而降低员工流失率，减少因员工流失带来的成本损失。

三、降本增效是一把手工程

降本增效是"一把手工程"，必须有全局的思考，而不是各部门平均分配。没有一把手全盘统筹，推动变革性的降本增效方案，纯粹靠各部门"各显神通"，这样的降本增效迟早会沦为一个笑柄。

一把手工程，一般是说政府一把手主管或一直关注的工程，主要是为了表示工程的重要性。像很多重大工程是一把手工程，对进度或质量要求相对比较严格。在企业管理中亦如此，"一把手"可以是企业最高级别的管理者，也可以是其授权的其他高层管理者。

降本增效是一把手工程，这个说法从侧面反衬出降本增效管理工作是复杂、困难却又极为重要的，理由如下。

理由一：战略需要——降本增效与企业的战略方向密切相关

降本增效与企业的战略方向密切相关，是战略规划的落地达成目标之一，"一把手"的亲自参与可以确保降本增效工作与企业战略方向保持一致。

理由二：组织需要——降本增效是降低组织运营成本的保障

降本增效往往会涉及资源整合，"一把手"的支持可以确保各种措施得到有效执行，从而提高整个组织的运营效率。

理由三：利益平衡需要——降本增效能促进各部门和职能之间的协同

降本增效会涉及企业内部跨部门、跨职能的协调和合作，需要对整个组织的战略和目标有深刻的理解和把握，并能够有效地促进各个部门和职能之间的协同。"一把手"的权威和决策，在部门间发生矛盾时可及时介入处理，协调和平衡好各方面的资源和利益。

理由四：资源需要——降本增效可能涉及信息技术与应用系统的应用

降本增效可能涉及信息技术与应用系统的应用，需要企业投入较高成本与资源，这需要"一把手"总体规划并投入资金和资源的支持。

四、常用的降本增效手段

降低成本是一座金矿，蕴含着巨大的潜力，向成本降低要效益，是企业经营管理的重要着力点。

企业管理过程的优劣、效率的高低，直接影响着成本的高低，降低成本是全体员工所要面对的问题，因此必须强化企业全员的"降低成本"意识，只有通过全员参与、不断改进企业经营过程，才能达到降低成本的目的。

裁员——降低成本的初级手段！

降本增效最简单最容易想到的方法就是裁人。因为这个措施最容易做，且效果也行之有效。

初步统计，腾讯控股、阿里巴巴和快手等3家公司，2023年上半年合计减员逾1.6万人。

第二章 降本增效是一把手工程

2023年3月31日，阿里巴巴员工总数为235216人，与2022年12月31日的239740人相比，员工数量减少4524人。第二季度员工降幅更为明显，6月30日员工总数为228675人，第二季度阿里员工减少6541人。

腾讯控股2023年上半年减少3933人，其中，第一季度减少2215人，第二季度减少1718人。截至2023年6月30日，腾讯还有106221名员工。

根据公开报道，2023年年初快手开始裁员。2022年12月31日，快手共有25445名全职员工，6个月后，该数字变为23542人，相当于半年就减少了1903人。

阿里巴巴员工持续减少后，2023年8月交出了一份好于预期的财报，尤其是成本方面。该季度，产品开发费用为104.7亿元，占收入比例下滑3%~4%；一般及行政费用为73亿元，占收入比例下滑1%~3%。

2023年第二季度，腾讯控股管理费用率同比、环比双降，毛利率同比增长22%，创历史单季度新高。管理费用本季度首次出现同比下降，雇员成本减少。

这一操作在快手财报上也有明显体现。2023年第二季度，快手销售成本为138.10亿元，毛利率50.2%，其中，研发开支31.55亿元，研发费用率11.4%，同比下降3.8%，这一现象的出现主要就是由于减少了雇员福利开支。

在经济下行周期中，企业面临着收入减少但成本不变的困境，其中用人成本会占据总成本很大一部分比例。企业选择经济性裁员来缩减用人成本，或许也是无奈之举。

1. 企业为何可通过裁员来降本增效

企业为何可以通过裁员来实现降本增效的目的，主要原因如下。

（1）裁员降本，效果明显。全球经济的不稳定和市场竞争的加剧，让许多公司面临着巨大的压力，需要采取一些措施来降低成本。裁员是一种快速有效的成本削减方式，可以减少人力资源开支，提高公司的盈利能力。

（2）数字转型，人才过剩。技术的进步和自动化的发展，直接导致了一些工作岗位的消失。采用更高效的工作流程，一些传统的岗位可能会被取代，如传统的生产线工人可能会被机器人代替，传统的销售人员可能会被在线销售平台取代。这种技术驱动的变革，使公司需要调整组织结构和人员配置，从而导致裁员。

（3）战略调整，适应变化。公司战略调整和业务重组也是裁员的原因之一。当公司需要适应市场变化、提高竞争力或优化资源配置时，裁员就是一种必要的手段。例如，公司要关闭不盈利的部门或业务线，就会导致裁员。另外，合并和收购也可能导致裁员，因为重复职能和冗余岗位需要被消除。

2. 企业如何正确裁员

裁员引发的纠纷会给企业带来损失，要想将裁员的破坏性降到最低，就要让员工"体面"地离职，具体方法如下。

（1）给员工抛"绣球"。如果想将某员工裁掉，但由于各种因素又不能直接予以辞退，可以介绍中介公司同某员工联系，为他介绍第二家公司，这样被裁员工就会觉得自己不是"无用"的人，"此处不留人，自有留人处"，最终皆大欢喜。

（2）让员工自愿离职。为了维系企业在客户中的形象，维护客户对公司的信心，可以采用自愿离职的方法。具体做法是贴出布告，让员工主动提出退休；公司在退休金上给予照顾。不过，这种做法也有弊端：真正有才干的人可能会主动选择离职，拿着企业补偿金另谋高就；而平庸之辈却可能选择留下来，企业最后会落个人财两空的无奈局面。

（3）让员工自愿减薪。企业可以不裁员，而是选择少给员工支付年终奖金或直接减少薪金的方法。虽然员工减少了收入，但他们明白这是受整个大环境的影响，不仅不会出现太多的抱怨，反而还会认为企业有人情味而进一步增加凝聚力。

（4）鼓励员工去基层锻炼。把员工派到分公司或生产第一线，让平庸的员工得到锻炼和提高，不仅不会影响公司的稳定，还能很好地维持企业文化。

（5）加快裁员速度。对于涉及商业秘密等敏感岗位，可以采用"一小时走人型"的裁员方式，裁员时进行"一站式服务"，在最短的时间内把员工工资、福利等一次性支付与结算完毕，完成岗位交接，可以最大限度地保护企业商业秘密。

（6）给员工发封邮件。在裁员程序基本完成的前提下，为了避免出现群体性事件，可以不当面通告，仅用电子邮件，通告员工已被裁员；同时，告知离职的时间、流程和补偿等。让员工单独到人事部办理，从而降低群体性事件发生的概率。

（7）让员工提前退休。在优化性裁员中，可以让年老的员工提前退出工作岗位，并按规定给予补偿一定的福利至真正退休之日止，以达到提高生产效率和避免支出高额经济补偿金的双重目的。

（8）批准员工特别休假。在企业暂时困难时期，可以给员工提供一段特别的带薪休假，企业在渡过难关之后再让员工回来工作。

（9）鼓励员工在岗培训。对于一些核心员工，可以跟他们达成共识，变更工资福利水平，让他们去学习；学好技能，回到企业后，再恢复原有合同水平。如果核心员工既不需要培训又不能辞退，可以与他们达成转岗协议，以留住核心员工。

（10）逐点攻破，各个击破。裁员时，不要十几个、几十个一起裁，要分段处理，避免激化矛盾，这有利于裁员的顺利实施。

（11）变换用工形式。通过协商方式，将部分岗位重组为承包经营或劳务派遣方式，变换用工形式，来降低用工成本。

（12）改进绩效。对于长时间工作绩效不佳的员工或来公司不久表现不佳的新员工，可以直接辞退，但辞退带来的负面影响短期内很难消除，实属下下之策。果断地辞退低绩效员工没有错，但最好在辞退之前再给他一次机会，如明确地让员工改进绩效，要求他必须达到公司的要求，否则就另谋高就。

3.企业不能机械化裁员降本

企业虽然可以采用裁员的方式来降本增效，但不能机械化，要灵活一些。

裁员，确实能在短期内降低公司的成本，但不一定能从根本上解决问题。裁员可能会导致员工士气低落，工作压力增加，甚至影响整个团队的合作与创新能力。此外，裁员也可能给公司带来声誉损失，影响员工和客户对公司的信任度。

关于降本增效，企业有很多可考虑的方向，如重新调整战略、提高效率、培训员工等，以更全面和可持续的方式解决问题。例如，改进流程和采用新技术，提高工作效率，从而减少成本；培训和发展员工的技能，适应新的工作需求，从而避免裁员。

裁员是一种严肃的决策，应在慎重考虑后进行。当企业面临某些特殊情况时，通过裁员来"断尾求生"，虽是一种不得已之举，但是在这之前，要尽力寻找其他解决方案。

优化组织流程

对组织流程进行优化再造，就能提高工作效率和降低成本。那如何优化组织流程呢？组织流程优化再造是一个复杂而重要的过程，涉及组织内部工作流程的全面审视和改进。

1. 明确目标和期望

优化流程之前，要明确企业想要达到的目标和期望结果。如此，企业也就有了清晰的方向，并确保优化努力与组织的目标保持一致。以下是一些建议，有助于明确目标和期望。

（1）定义清晰的目标。首先，要明确企业想要通过流程优化再造实现的具体目标，目标可以是提高工作效率、降低成本、提高客户满意度等。当然，要确保目标具体、可衡量，并与组织的目标保持一致。

（2）设定明确的期望。明确了目标后，要设定明确的期望，如流程改进的时间表、改进后的成本节约、员工满意度的提高等。要确保企业的期望与目标保持一致，并具有可实现性。

（3）收集相关数据。为了更好地了解流程的现状和改进潜力，就要收集相关数据，可以通过调查、访谈、数据分析等方式收集数据，更好地了解流程的瓶颈和问题所在。

（4）确定优先级。明确了目标和期望后，要确定流程优化再造的优先级：确定哪些流程最需要改进、哪些问题最紧迫，以便集中精力解决关键问题。

（5）制订行动计划。基于目标和期望，制订具体的行动计划，包括确定改进措施、时间表、责任人等。要确保行动计划具有可操作性和可行性。

（6）沟通与共识。与相关人员充分沟通，确保他们对目标和期望有清晰的理解，达成共识，并获得他们的支持和合作。

2. 识别关键流程

识别关键流程是组织流程优化再造的重要步骤之一，以下是一些建议。

（1）了解业务流程。首先，要全面了解组织的业务流程，包括了解各个流程的环节、涉及的人员、所需的时间和资源等。深入了解业务流程，就可以发现哪些流程对组织至关重要，并直接影响着工作效率和成本。

（2）分析流程的产出。流程有产出，分析流程的产出有助于识别关键流程。如果某流程的产出对组织至关重要，并会直接影响工作效率和成本，那么这个流程就是关键流程。

（3）考虑流程的重要性。有些流程虽然产出不高，但对组织意义重大，如决策支持流程、人力资源流程等。因此，在识别关键流程时，要综合考虑产出的重要性。

（4）关注瓶颈环节。在流程中有一些环节会成为瓶颈，影响整个流程的效率，原因在于资源不足、技术瓶颈、人员素质不高等。关注这些瓶颈环节，有助于识别关键流程。

（5）收集员工意见。员工是流程的执行者，他们对流程的感受是最直接的。收集员工的意见和建议，可以了解他们对流程的看法和感受。

（6）利用数据分析。数据是分析流程的关键，通过数据分析工具和方法，可以发现哪些流程的效率低下、成本高昂。

3.深入了解流程

深入了解流程是组织流程优化再造的关键步骤之一，以下是一些建议。

（1）详细记录流程。首先，要详细记录选定的流程，包括记录流程的各个环节、涉及的人员、所需的时间和资源等。详细记录流程，就可以更好地了解流程的现状和问题所在。

（2）深入分析流程。在记录流程的基础上，要进行深入分析，包括分析流程的各个环节之间的关系、流程中的瓶颈和浪费、流程的效率和成本等。通过深入分析，可以发现流程中存在的问题和改进空间。

（3）收集数据。为了更好地了解流程的现状和问题所在，就要收集相关数据，可以通过调查、访谈、数据分析等方式收集数据，以便更好地了解流程的瓶颈和问题所在。

（4）观察流程执行。深入了解流程的最好方法之一是观察流程的执行过程。观察流程的执行过程，可以了解执行人员的工作方式、工作习惯和问题所在。

（5）与执行人员交流。流程执行人员是最了解流程的人，他们的意见和建议可以帮助企业更好地了解流程的现状和问题所在，从他们这里获得第一手的信息和反馈，能为后续的优化再造工作提供参考。

（6）利用流程图和时间线。利用流程图和时间线，可以清晰地看到流程的各环节之间的关系和执行过程，更好地发现问题和拥有更大的改进空间。

4. 流程分析和评估

通过流程图、时间线等工具，对流程进行详细的分析和评估，找出流程中的瓶颈、浪费和不必要的环节，并确定如何改进它们，也是组织流程优化再造的重要环节之一。以下是一些建议。

（1）明确分析目标。在开始流程分析之前，要明确分析目标，以便提高效率、降低成本、改进质量等。当然，要确保分析目标与组织的目标保持一致，并具有可衡量性。

（2）收集数据。为了进行有效的流程分析，要收集相关数据，包括流程的时间、成本、质量、效率等数据。通过收集数据，可以了解流程的现状和问题所在，为后续的分析和评估提供基础。

（3）分析流程效率。对流程的效率进行分析，包括流程的各个环节的执行时间、资源利用情况等。分析流程效率，可以发现流程中的瓶颈和浪费，为后续的优化提供方向。

（4）分析流程成本。对流程的成本进行分析，包括流程的各环节所需的人力、物力、财力等资源成本。通过分析流程成本，可以发现成本过高的环节，从而为后续的降低成本提供策略。

（5）评估流程质量。对流程的质量进行评估，包括流程的稳定性和一致性等，可以了解流程的可靠性和稳定性，为后续的改进提供参考。

（6）对比标杆和最佳实践。与行业内的标杆和最佳实践进行对比，找出差距和改进空间，可以更好地了解行业趋势和发展方向，为后续的优化提供借鉴。

（7）制订改进方案。基于分析和评估结果，制订可行的改进方案，包括简化流程、消除浪费、提高自动化程度、优化资源分配等，以确保改进方案能够同时提高效率和降低成本。

5. 制订改进方案

制订改进方案是组织流程优化再造的重要步骤之一。以下是一些建议。

（1）明确改进目标。在制订改进方案之前，要明确改进目标，如提高效率、降低成本、改进质量等。确保你的改进目标与组织的目标保持一致，并具有可衡量性。

（2）分析流程瓶颈。通过对流程的分析，找出流程中的瓶颈和问题所在，找到改进的重点和方向。

（3）制定改进措施。针对流程中的瓶颈和问题，制定具体的改进措施，包括简化流程、消除浪费、提高自动化程度、优化资源分配等，来确保改进措施具有可操作性和可行性。

（4）制订实施计划。制定改进措施后，要制订具体的实施计划，包括确定改进措施的实施时间、责任人、资源需求等，以确保实施计划具有可执行性和可衡量性。

（5）评估改进效果。实施改进措施后，要对改进效果进行评估，可以通过收集数据、对比改进前后的效果等方式进行。评估改进效果，可以了解改进措施的实际效果，并根据需要进行调整。

（6）持续改进。实施改进措施之后，要持续关注流程的效率和成本变化，并根据需要进行调整和改进，不断提高组织的效率和竞争力。

6.实施改进方案

实施改进方案是组织流程优化再造的关键步骤之一。以下是一些建议。

（1）获得支持。在实施改进方案之前，要获得相关人员的支持和合作，包括领导层、部门负责人、流程执行人员等。通过沟通和解释，让他们了解改进方案的重要性和益处，并获得他们的支持。

（2）资源准备。根据改进方案的要求，准备所需的资源，可能包括人力、物力、财力等。要确保资源的充足和合理分配，以支持改进方案的顺利实施。

（3）制订详细计划。在实施改进方案之前，要制订详细的实施计划，包括确定实施的时间表、责任人、关键里程碑等，以确保改进方案的顺利推进，并及时应对可能出现的问题。

（4）培训和教育。如果改进方案涉及新的技术、工具或方法，要对相关人员进行培训和教育，提高他们的技能和知识水平，来确保他们能够熟练地执行新的流程。

（5）监控和调整。在实施改进方案的过程中，要密切关注实施进展和效果，收集数据和反馈，及时发现问题并进行调整，以达到预期的效果。

（6）持续改进。在实施改进方案后，要持续关注流程的效率和成本变化，并根据需要进行调整和改进，不断提高组织的效率和竞争力。

7. 监控和评估

监控和评估是组织流程优化再造的重要环节之一，对于确保改进方案的顺利实施和实现预期效果具有重要作用。在监控和评估过程中，需要注意以下几点。

（1）设定明确的监控和评估指标。在实施改进方案之前，要设定明确的监控和评估指标，以便对改进方案的效果进行衡量和评估。

（2）建立有效的监控机制。建立有效的监控机制，就能及时发现和解决问题，确保改进方案的顺利进行，具体方式包括定期检查、关键里程碑跟踪等。

（3）收集和分析数据。收集和分析数据，可以了解改进方案的实际效果，并根据需要进行调整和改进。具体方式包括收集流程效率、成本、质量等方面的数据。

（4）及时反馈和调整。在监控和评估的过程中，要及时反馈问题和调整方案，以确保改进方案的顺利进行，并实现预期效果。

8. 持续改进

实施改进方案后，要持续关注流程的效率和成本变化，并根据需要进行调整和改进。为了实现持续改进，需要采取以下措施。

（1）建立持续改进机制。组织应倡导持续改进的理念，鼓励员工积极参与改进活动，形成全员参与的氛围。

（2）建立反馈机制。收集员工反馈、客户反馈等信息，了解流程运行中存在的问题和不足，为持续改进提供依据。

（3）定期评估流程。定期对流程进行评估，了解流程的效率和成本情况，为持续改进提供参考。

（4）制订改进计划。根据评估结果和反馈信息，制订具体的改进计划，包括改进目标、措施、时间表等。

（5）实施改进计划。按照改进计划，逐步实施改进措施，以确保改进活动的顺利进行。

（6）监控和评估效果。了解改进措施的实际效果，并根据需要进行调整和改进。

建立合理的业务提成制度

为了激励员工多劳多得，企业可以根据员工的业绩发放一定比例的金额作为浮动工资。

业务提成是一种很好的绩效管理机制，虽然它可以激励员工创造更高的业绩，但也是最简单的激励模式。这里跟大家分享几种典型提成机制，看看它们各有什么利弊？

1. 产值型与结果型

（1）产值型。产值型提成是典型的计件式，按照每件、每个、每人、每项等提成多少来计算。这种方式简单直接，计算方便，在产品品类少或价值相近时，员工能快速计算到每天能得到多少，这样就可以有效提高人效。不足之处在于，如果产品品类多，单价多样化，每件提成就会不同，计算复杂，需要借助表格或系统进行计算；数据统计和精确度要求高，要能具体到每人每天做了什么产品；成本上涨时，计件比例很难下调；如果计件单价与价值不关联，当每件价值下降时，人力成本上涨更快。

（2）结果型。结果型是最常见的提成方式，就是根据员工业绩达成的结果，企业给予一定比例的提成，比如，按销售额或合同额的1%提成、按毛利额的10%提成等。这种方式简单直接，计算方便，与经营结果关联更直接，激励成本也相对清晰。但缺点也很明显，为了追求高业绩，员工会忽略其他成本与费用的投入，业绩虽然增长了，员工也拿到了提成，但公司需要投入更多的费用，有时无法得到相应的利润，甚至亏损。

2. 个人提成和团队提成

（1）个人提成。所谓个人提成，就是按照个人的业绩来计算提成。个人业绩越好，拿得就越多，竞争性和激励性也就越强。销冠手上资源多，意向客户多，公司也会给予更多方便，但个人精力总是有限的，一人强可以起到示范作用，能保证公司基本业务，但公司整体向上，不能光靠个别人。

（2）团队提成。团队提成是按团队业绩来计算的，通常适用于管理层，如销售总监、销售经理、区域经理、店长，是公司为了管理者更好地管理团队人员，整合团队资源创造更好的业绩，而给予的一种绩效管理措施。设计团队提成时，需要注意几点。

①区分团队业绩与个人业绩，特别是管理者本身就是销售高手时，如果团队提成不如个人提成，激励性就不大，容易让他只关注个人业绩，而忽视团队管理问题。

②对于空降管理者，是直接给予团队提成，还是给予团队增量提成？

③提成标的选择，要避免管理者为了提成，而不断增加业绩成本投入。

④团队进行再分配时，尽量不要均分，因为贡献不同、分配结果不同，提前制定好分配规则，如团队计件，按岗位价值的不同进行分配等。

3. 单点提成和等级提成

（1）单点提成。单点提成，就是提成的比例不会因业绩高低而变化。这种方式简单，容易计算，但当个人业绩达到一定程度后，很难激励员工再往上增长业绩，这时就需要激励叠加。

（2）等级提成。等级提成也叫分段提成，方式共分为两种：一种是根据人员等级或岗位不同，设计不同的提成点；另一种是按业绩不同等级，设计不同提成点数。

按岗位不同，提成点不同。为了满足业务流程，公司需要多个岗位配合，根据岗位预设价值不同而设计提成。还有一种情况，是同一岗位等级不同，如初级业务员、高级业务员，提成不同。

按业绩等级不同，设计多级提成，如销售额20万元以下，提成1%；大于20万元，提成2%。这种模式可以激励员工往更高业绩冲刺，让高绩效的员工拿到更高的提成，不足的是公司会增加激励成本。

4.老产品和新产品提成不同

为了激励员工积极推动新产品的销售，打开市场，有些企业会将新产品提成点提高。但在设计时要注意平衡，新产品提成点不能远高于老产品，不能让员工只关注新产品而忽视了老产品的维持与增长。另外，新产品提成政策要有时间限制，要在推广周期后，调整回为老产品提成。

5.提成发放节点和周期

为了保障与员工盈利的一致性，要结合企业实际情况设置相应的发放条件。比如，如果有预收款，就要按实际交付或消耗来计算提成或发放提成；回款是周期性或不良时，要按回款比例发放提成，以激励大家积极收款。

人力资源的合理配置和管理

合理配置和管理人力资源，员工就能在正确的岗位上发挥最大的潜力，从而推动整体业绩的提高。以下是一些实现人力资源优化配置的策略，企业在制订人力资源优化配置方案时可以参考。

1.深入了解员工能力

人力资源优化配置是实现组织目标、提高竞争力的关键，而深入了解员工能力则是这一过程的核心环节。深入了解员工能力，组织就能更精准，为其分配最适合的工作岗位，最大限度地发挥员工的潜能。

（1）要想了解员工能力，就要全面、系统地评估员工的知识、技能、经验和潜力。包括员工的教育背景、工作经历、专业技能以及在工作中表现出的解决问题的能力、团队协作能力、创新思维等。组织可以通过面试、笔试、实际操作测试等多种方式，对员工的能力进行全面评估。

（2）评估员工能力时，还要关注员工的个人特质和兴趣。员工的性格、价值观、职业兴趣等因素，会对其在工作中的表现和职业发展产生重要影响。因此，组织要了解员工的职业倾向和期望，为其提供更合适的职业发展路径和机会。

（3）注重员工的成长潜力和学习意愿。随着市场和技术的不断发展，组织需要不断适应变化，而员工的成长潜力和学习意愿则是组织应对变化的重要资源。组织要关注员工的自我提高意愿和学习能力，为其提供培训和发展机会，以帮助员工不断提高能力。在深入了解员工能力的基础上，组织可以更加精准地进行人力资源配置，例如，根据员工的技能和经验，将其分配到最适合的岗位上；根据员工的个人特质和兴趣，为其设计更符合其职业倾向的工作任务；根据员工的成长潜力和学习意愿，为其提供有针对性的培训和发展计划。

总之，深入了解员工能力是人力资源优化配置的关键环节。通过全面、系统地评估员工能力，就能更加精准地进行人力资源配置，实现人力资源的最大化利用，为组织竞争力的提高提供有力保障。

2.明确组织目标和岗位需求

人力资源优化配置是组织实现战略目标、提高竞争力的关键环节。而明确组织目标和岗位需求则是这一过程的基石，能为组织提供明确的方向和准则，并确保人力资源的分配与组织的整体战略保持一致。

首先，明确组织目标。组织目标不仅为组织提供了发展的方向，也为人力资源配置提供了根本依据。清晰定义组织的长期和短期目标，组织就能够明确自身的发展方向和优先级，有针对性地配置和管理人力资源。在明确组织目标和岗位需求的过程中，组织需要注重以下几点。

①全面考虑组织的战略需求。组织目标应该与组织的长期发展战略相一致，并确保人力资源配置能够支持组织的持续发展。

②关注市场变化和行业趋势。为了适应新的市场需求和竞争态势，组织要及时调整目标和岗位需求。

③充分沟通和协作。通过跨部门合作和信息共享，组织就能更全面地了解各岗位的需求和挑战，从而就能制订出更加合理的人力资源配置方案。

其次，精准地进行人力资源配置。为了最大限度地发挥员工的潜力，可以根据岗位需求选择合适的员工，将员工的能力与岗位需求相匹配。同时，还可以根据目标和需求的变化，调整人力资源配置方案，以确保人力资源始终与组织目标保持一致。

3. 精准匹配员工与岗位

人力资源优化配置的核心在于精准匹配员工与岗位，这是实现人力资源最大化利用的关键环节。为了实现这一目标，企业要深入了解员工的能力、特长和发展潜力，同时明确岗位的需求和职责。

（1）员工与岗位的匹配不应仅是技能层面的匹配，还应包括性格、价值观、职业兴趣等多方面的匹配。因此，组织要对员工的多种能力进行评估，包括技能测试、心理测评、职业倾向调查等，全面了解员工的能力和特质。同时，要认真分析岗位的工作内容、职责、任职要求等，明确岗位的具体需求。

（2）要注重员工的职业发展和成长潜力，不仅要考虑员工当前的能力是否适合岗位，还要考虑员工未来的发展潜力和成长方向。因此，组织要建立员工职业发展规划，为员工提供清晰的晋升通道和发展路径，激发员工的工作积极性和创造力。

（3）采用先进的技术手段和工具，如人工智能、大数据等。对员工和岗位的数据进行深度挖掘和分析，更准确地预测员工的未来表现和岗位的潜在需求，能为人力资源配置提供更加科学的依据。

（4）注重员工的参与和反馈

员工是人力资源配置的直接受益者，他们的意见和建议有利于优化人力资源配置。因此，组织要建立有效的沟通机制，鼓励员工提出自己的意见和建议，并及时调整人力资源配置方案。

4.提供持续培训和发展机会

通过培训和发展，员工可以不断提高自身的技能、知识和能力，更好地适应组织的发展需求，进而提高整体绩效和竞争力。

（1）有助于员工掌握新的技能和知识。随着技术的不断进步和市场的不断变化，员工只有更新自己的知识和技能，才能适应新的工作环境和要求。为员工提供培训课程、在线学习资源和实践机会，可以帮助员工掌握新的技能，提高工作效率和质量。

（2）激发员工的潜力和创造力。参与培训项目，员工可以接触到新的思想、方法和工具，从而拓宽视野，激发创新思维。同时，培训还可以帮助员工发现自身的潜能和兴趣，进一步挖掘和发挥个人的价值。

（3）提高员工的职业满意度和忠诚度。当员工感受到组织对他们的关注和投资时，会更有动力去投入工作，为组织的发展贡献自己的力量。同时，培训和发展还能增强员工对组织的归属感和忠诚度。

5.建立激励机制

科学合理的激励机制，可以激发员工的潜力，促进员工与岗位的精准匹配，进而实现人力资源的最大化利用。

（1）基于员工的实际需求和发展阶段。不同员工有不同的职业追求和期望，为了满足不同员工的需求，激励机制要灵活多样。例如，对初入职场的员工，可以提供丰富的培训和发展机会；对经验丰富的员工，可以提供更具挑战性的工作任务和晋升机会。

（2）激励机制应公平、公正、公开。员工对激励机制的信任度直接影响其工作积极性和满意度。因此，组织应确保激励机制的透明度和公正性，避免人为偏见和歧视。同时，定期公布激励结果和提供反馈机制，可以增强员工对激励机制的信任感。

（3）激励机制应与组织的战略目标保持一致。激励机制不仅是为了激励员工，更是为了实现组织的整体目标。因此，组织应将激励机制与战略目标结合起来，设定与目标相关的奖励和惩罚措施，来引导员工为实现组织目标而努力。

6. 优化招聘和离职流程

招聘和离职流程的优化不仅有助于提高组织的运营效率，更能确保组织吸引和保留优秀的人才，实现人力资源的优化配置。

（1）招聘流程的优化。主要内容包括以下方面。

①制订科学、合理的招聘计划。这包括明确组织的发展目标，以及根据目标确定所需的人才类型和数量。招聘计划应该具有前瞻性和灵活性，既要满足组织当前的需求，也要考虑组织未来的发展战略。

②招聘渠道的选择。除了传统的招聘网站和招聘会，还可以利用社交媒体、内部推荐等多种渠道，扩大招聘范围，提高招聘效率。

③进行科学设计简历筛选和面试的流程，来确保能够准确、高效地评估候选人的能力和潜力。

④建立人才库是一个长期且有效的策略。收集和整理优秀候选人的信息，企业就能在需要时快速找到合适的人选，从而节省招聘时间和成本。

（2）离职流程的优化。主要内容包括以下方面。

①制定明确的离职政策，包括离职通知期限、离职面谈、离职手续等，避免出现混乱和纠纷。离职面谈是一个重要的环节，不仅可以了解员工离职的真实原因，还能为组织提供改进的反馈和建议。

②离职手续的办理要简洁、高效。组织应该提供清晰的离职流程指导，以确保员工能顺利完成各项手续，避免延误和遗漏。

③对离职员工进行离职调查和分析。了解员工离职的原因和问题，组织就能找出自身在管理和文化等方面可能存在的不足，从而进行有针对性的改进。

建立有效的激励机制

1. 激励机制的关键

要想实现好的价值体系，离不开好的员工激励体系。各公司按实际情况的不同，都会搭建自己的激励政策。

激励政策与其他人力资源政策的不同之处在于：激励政策有更大的风险性，如果无法给公司带来正面影响，很可能会带来负面影响。所以，制定和实施激励政策时，为了增强激励效果，一定要注意以下一些关键点。

（1）激励要因人而异。不同员工的需求不同，相同的激励政策，发挥的激励效果也不尽相同。即使是同一个员工，面对不同的时间或环境，也会有不同的需求。而激励取决于内因，关注的是员工的主观感受，因此，激励要因人而异。在制定和实施激励政策时，首先要调查清楚员工的真正需求，并将这些需求整理归类。

（2）奖惩适度。奖励和惩罚不适度，不仅会影响激励效果，还会增加激励成本。奖励过重，会使员工产生骄傲和满足的情绪，失去进一步提高的欲望；奖励过轻，则发挥不了激励作用，甚至还会让员工产生不被重视的感觉。

（3）激励的公平性。员工感受到的任何不公的待遇，都会影响他们的工作效率和工作情绪，并影响激励效果。成绩相同的员工，要给予同等层次的奖励；犯了同等错误的员工，也应受到同等层次的处罚。如果做不到这一点，宁可不奖励或不处罚。处理员工问题时，一定要抱着公平的心态，不能有任何的偏见。

（4）奖励正确的事情。奖励错误的事情，错误的事情就会经常发生。企业应奖励和避免奖励以下几种行为：

①奖励彻底解决问题，而不是只图眼前利益的行动；

②奖励承担风险，而不是回避风险的行为；

③奖励善用创造力，而不是愚蠢的盲从行为；

④奖励果断的行动，而不是光说不练的行为；

⑤奖励多动脑筋，而不是奖励一味苦干；

⑥奖励使事情简化，而不是使事情不必要地复杂化；

⑦奖励沉默而有效率的人，而不是喋喋不休者；

⑧奖励有质量的工作，而不是匆忙草率的工作；

⑨奖励忠诚者，而不是跳槽者；

⑩奖励团结合作，而不是互相对抗。

2. 激励员工的途径

物质激励是一种常见的激励途径，而更高层次上的需求，如尊重需求、自我实现需求等，在对人的激励中尤其是对知识分子的激励中尤为重要。在实际工作中，根据激励的性质不同，可以把激励分为：成就激励、能力激励、环境激励和物质激励。

（1）成就激励。随着社会的发展，生活水平的逐渐提高，越来越多的人选择工作时已经不仅仅是为了生存。特别是对知识型员工而言，工作更多的是为了获得一种成就感。所以，成就激励是员工激励中一类非常重要的内容，根据具体情况的不同，可以把成就激励分为组织激励、榜样激励、荣誉激励、绩效激励、目标激励和理想激励等。

①组织激励。为员工参与管理提供方便，激励员工工作的主动性。为各岗位制定详细的岗位职责和权利，让员工参与工作目标的制定，让员工享有较大的决策权。

②榜样激励。促进群体中各成员的学习积极性，把优秀员工树立为榜样，让员工向他们学习。

③荣誉激励。为工作成绩突出的员工颁发荣誉称号，强调公司对其工作的认可，让他们知道自己是出类拔萃的，以此来激发他们工作的热情。

④绩效激励。让员工知道自己的绩效考评结果，便于他们清醒地认识自己。员工知道公司对他工作的评价，就会对他产生激励作用。

⑤目标激励。为工作能力较强的员工设定较高的目标，并向他们提出工作挑战，这不仅可以激发员工的斗志，还可以激励他们更出色地完成工作。

⑥理想激励。了解员工的理想，并努力将公司的目标与员工理想结合起来，让公司和员工共同发展。员工都有自己的理想，如果发现自己的工作是在为自己的理想而奋斗，员工就会焕发出无限的热情。

（2）能力激励。每个人都有发展自己能力的需求，通过培训，可以提高员工实现目标的能力，从而为他们承担更大的责任、更富挑战性的工作等创造条件。管理者应该了解员工的兴趣所在，发挥他们各自的特长，从而提高效率。另外，还可以让员工自主选择自己的工作，来激励他们提高工作效率。

（3）环境激励。公司的客观环境，如办公室环境、办公设备、环境卫生等，都会影响员工的工作情绪。在高档的环境里工作，员工的工作行为和工作态度都会不由自主地向"高档次"发展。

（4）物质激励。物质激励是一种最基本的激励手段，其内容包括工资奖金和种种福利。获得更多的物质利益是普通员工的共同愿望。同时，员工收入、居住条件的改善，也影响着其社会地位、社会交往，甚至学习、文化娱乐等精神需要的满足。

提高设备稼动率

1. 何为稼动率

稼动率有多种不同的定义。

（1）时间稼动率。要想了解时间稼动率，首先要知道这样几个概念。

①最大操作时间。是指设备可用的最大时间，如果设备本身完全由厂内自主使用，最大操作时间一般为日历时间。

②负荷时间。它是设备可稼动的时间，是最大操作时间扣除停机损失。

③稼动时间。它是负荷时间扣除停止时间。

④停止时间。它包括批次转换及制程异常、设备异常停止及修复时间。

由以上定义可以算出最常用的设备稼动率（也称为时间稼动率），其公式为：

时间稼动率 = 稼动时间 / 负荷时间

如此，就能减少停滞时间，通过资源整合、管理优化，充分利用资源，降低成本，提高效率。

（2）性能稼动率、实质稼动率和速度稼动率。时间稼动率，并不能完全表现设备对生产的贡献程度，例如，相同的设备，相等的稼动时间，效率不同，可能就会有不同的产能。此类效率降低的损失就是性能损失。定义速度稼动率如下：

速度稼动率 = 基准周期时间 / 实际周期时间

这里，基准周期时间，是设备原设计产出单位产量所需的时间。实际周期时间，是目前设备实际产出单位产量所需的时间。

定义实质稼动率与性能稼动率如下：

实质稼动率 = 生产量 × 实际周期时间 / 稼动时间

性能稼动率 = 速度稼动率 × 实质稼动率

性能稼动时间则定义为：

性能稼动时间 = 稼动时间 × 性能稼动率 = 稼动时间 − 性能损失时间

其中，性能损失包括速度低落的损失与短暂停机的损失。

由以上定义可知，性能稼动率变小，就能判定生产相关设备的效率降低。

（3）价值稼动时间与设备综合效率。性能稼动时间表示设备产出产品的时间，但无法表示设备产出良率的好坏，因此定义"价值稼动时间"来表示真正能产出良品的有价值时间，其定义如下：

价值稼动时间 = 性能稼动时间 × 良品率

而设备的有效使用程度则以"设备综合效率"来判定，其定义如下：

设备综合效率 = 时间稼动率 × 性能稼动率 × 一次良品率

2. 影响稼动率的因素

影响稼动率的因素主要有以下几个。

（1）工艺优化、快速切换水平。理论上来说，一个设备或一条生产线的稼动率是一条向上的曲线。为了在单位时间内完成更多的产量，企业会不断地对生产工艺进行优化。

（2）生产节拍。在设计生产线的过程中，人们都非常重视整条产线的节拍。由于设备存在一定的故障率，因此一些生产线就会增加缓存机，最大限度地调节节拍，节拍越统一，产线的稼动率就越高。

（3）自动化程度。通常，整条线或单台设备的自动化程度越高，人工介入的工序越少,单台设备或整条线的稼动率就越高。因为人与设备不同,人会产生情绪或疲劳感,生产效率则会随着时间的推移而降低。单月换班、工艺调整后的首件检测次数越多,全自动首件检测仪的检测效果就越明显,越能提高产线的稼动率。

(4)设备保养维护度。多数设备有机械结构部分,会出现正常的磨损,因此生产设备需要正确使用和保养。日常使用和保养得好,就能减少故障时间,提高正常生产时间,从而提高稼动率。

通过以上几种方法,就能提高产品稼动率。只要保证设备正常运转、降低生产不良率,减少备料库存及不良品堆积,改进生产工艺,换装更先进自动化程度更高的设备,就能提高稼动率。

降低采购成本

采购工作承担着保障物资供应的重任,那么,采购降本增效的措施有哪些呢?

1. 完善采购制度

制度是规范企业生产经营行为的依据,不断完善采购制度,修订完善制度及实施细则和考核办法,严格执行,规范企业采购活动,就能提高工作效率,杜绝违规行为,从而达到节省成本的目的。

2. 简化采购流程

简化采购流程,优化采购环节,不断总结经验,发现问题并及时进行改进,就能降低采购成本和时间成本。

3. 提高采购人员素质

加强采购人员的专业知识和技能培训,提高其采购能力和水平,就能提高整体采购效率和质量。同时,要让采购人员严格遵守相关法律法规和采购制度,来保证采购工作的合法性和规范性。

4. 采用数智化招采工具

采用招标采购工具，如数智化招采平台，不仅可以提高采购效率和效益，降低采购成本，减少资源消耗，还可以大大增加交易的竞争程度和透明度，从而进一步降低采购成本。

5. 预先充分规划

在开始招标采购前，要进行充分的规划，明确采购目标、采购范围、采购方式、采购流程等细节，以确保采购工作的顺畅进行。

6. 把握市场动态

关注市场行情和变化，调整采购计划和策略。因为只有对市场充分了解，随时掌握市场动态，才能掌握价格谈判的主动权，降低采购成本和库存成本。

7. 制定采购策略

结合自身的采购需求，采取适当的采购策略可有效降低采购成本。比如，集中采购、联合采购、框架协议采购、长期采购等，以及外包、租赁等策略。

8. 提高需求计划的准确性

计划是供应链的引擎，很多执行层面的问题其实就是计划不到位、不准确造成的。需求计划是有效对接需求和供应的关键环节，提高需求计划的准确率，不但可以提高订单交付率，降低库存，还能降低运营成本、采购成本和物流成本，提高生产效率。

9. 选择合适的采购方式

不同的采购方式，效率不一样，在合法合规的情况下，可采用市场化的采购方式，如竞争性谈判、询价、单一来源等，以降低采购成本。在采购过程中，还应充分利用供应商的竞争优势，争取更好的价格和服务条件。

10. 签署中长期框架协议

签署中长期框架协议可以帮助采购降本增效，因为它提供了更长期的稳定性和可预测性，双方不仅可以更好地规划和控制成本，还可以减少采购和供应链管理的时间和成本，降低了采购成本，效益就会增加。

11. 协同分配工作

采购工作需要不同层级和不同职能部门的人员协同工作，需要合理分配工作任务，明确各自的职责和任务，以保证采购工作的高效完成。

12. 建立采购人员绩效考核

建立采购绩效考核机制，对采购人员进行绩效考核，激励采购人员积极工作，从而提高采购效率和质量。

13. 提高采购文件的质量

提高采购文件的质量，有助于更好地控制采购成本，提高采购效率，确保采购的顺利进行。比如，采购文件不严谨，容易出现漏项、遗漏和冗余，采购需求编制不明确，供应商很可能要求采购人进行澄清；供应商的资格要求不合理，可能没有供应商参与此次招标而导致项目失败。

14. 优化供应商管理

建立健全供应商管理制度，实施供应商监督和绩效考核机制，可以提高供应商的质量和服务水平。同时，为了降低采购成本和供应风险，要让采购人员与供应商保持沟通和协作，建立长期稳定的合作关系。

15. 提高评标专家的专业度

要让专家们熟练掌握相关政策法规，深入理解评标标准和投标文件，了解评标流程的各个环节，高效地处理和分析信息，提高评标的专业水平，从而为招标人推荐出合适的供应商。

16. 提高采购方谈判议价能力

了解供应商的定价机制，明白如何进行采购价格分析，是价格评估、比较和谈判的重要依据。

17. 节约物流成本

优化采购计划，提前预测物流需求，合理安排物流计划，能降低物流成本。

18. 优化库存管理

合理控制库存，避免过多存货和滞销品，可以减少库存占用资金和库存管理成本。

19. 预警采购风险

在采购的过程中，可能会出现各种意外情况，影响全面采购成本管理的效果，甚至导致采购成本不降反增。建立采购风险管理体系，识别、分析并提前预警采购风险，有助于对采购风险进行有效管理。

20. 提高采购决策的科学性

建立采购数据分析制度，对采购数据进行收集、整理和分析，为采购决策提供科学的数据支持。

降低销售成本

在销售环节中采取降本增效措施，可以提高销售盈利能力、降低成本，提高企业的竞争力。

企业只要深入分析市场需求和竞争状况、优化产品定价策略和产品销售政策、加强销售过程管理和费用管理、建立合理的考核与激励制度等措施，就能更好地实现降本增效的目标，从而为可持续发展奠定坚实基础。

销售环节常见的降本增效措施如下。

1. 产品定价策略

产品定价是销售环节中的重要一环，定价策略合理，不仅能够提高产品的市场竞争力，还能为企业带来更多的利润。

（1）成本、利润贡献分析。为了制定出更合理的定价策略，制定产品定价策略时，要对产品的成本、利润贡献进行业绩结构分析。深入分析成本结构和利润贡献，企业就能更好地控制成本，提高盈利能力。

（2）销售价格调整预测。根据市场需求、竞争状况等，对销售价格进行适时调整。预测销售价格走势，企业就能提前做好应对措施，避免因价格波动带来的损失。

2. 产品销售政策

产品销售政策是影响销售效率的关键因素之一。

（1）产品、客户、经销商和区域市场结构调整。通过对产品、客户、经销商、区域市场结构等进行调整，企业就能更好地满足市场需求，提高销售效率。例如，针对不同客户群体推出不同的产品，或优化经销商网络，以提高渠道覆盖率。

（2）销售信用政策。销售信用政策合理，可以帮助企业扩大市场份额、提高销售额。因此，为了降低坏账风险，企业可以根据客户的信用状况、回款情况等因素制定不同的信用政策。

3. 销售过程管理

销售过程管理是降本增效的重要环节之一。

（1）应收账款催收。企业要加强应收账款管理，及时催收欠款，降低坏账风险。制定合理的应收账款催收策略，就能提高回款率、降低财务成本。

（2）订单生产和按需定制。企业根据客户需求进行订单生产和按需定制，可以提高生产效率和满足客户需求的能力。合理安排生产计划和优化生产流程，企业可以降低生产成本、缩短交货周期。

（3）销售外包。企业将部分销售业务外包给专业公司或个人，可以降低人工成本和运营成本。同时，外包业务也可以提高企业的灵活性和市场竞争力。

（4）拓宽线上渠道。拓宽线上渠道，可以降低企业的销售成本、扩大市场份额。通过建立电商平台、社交媒体营销等方式，企业可以更好地满足客户需求、提高销售额。

（5）发货/产品配送规划。优化发货和产品配送路线，可以降低运输成本和时间成本。合理规划运输计划和选择合适的物流方式，企业可以提高运输效率、降低运输成本。

4. 销售费用管理

销售费用是销售环节中不可避免的成本之一。

（1）销售费用投入产出分析。对销售费用进行投入产出分析，可以确保费用的合理投入和有效产出。优化销售费用结构、提高费用使用效率，企业就能降低销售成本、提高盈利能力。

（2）预算控制。制定合理的销售费用预算，并严格执行预算控制措施。通过预算控制，企业可以避免不必要的费用支出，从而降低销售成本。

（3）税收筹划。合理进行税收筹划，降低企业税负。深入研究税收政策、合理安排纳税计划，企业就能提高税收使用效率，降低税收成本。

5. 销售考核与激励

合理的销售考核与激励制度，有助于提高销售人员的工作积极性和销售业绩。

（1）销售收入或利润考核。将销售收入和利润纳入销售人员考核指标，鼓励销售人员关注盈利能力和成本控制，设定合理的考核标准，企业就可以提高销售人员的工作效率和市场竞争力。

（2）产成品周转率考核。将产成品周转率纳入销售人员考核指标，鼓励销售人员关注产成品库存管理和物流效率，通过优化库存管理和物流计划,企业可以提高产成品周转率、降低库存成本和资金占用成本。

(3)浮动工资制。实行浮动工资制,将销售人员工资与业绩挂钩,鼓励销售人员提高销售额和利润贡献,设定合理的浮动工资比例和考核标准,可以提高销售人员的工作积极性和市场竞争力。

(4)合伙人制。将销售人员纳入企业合伙人体系,鼓励销售人员关注企业的长期发展和盈利能力,设定合理的利润分成比例和考核标准,企业就可以提高销售人员的工作积极性和忠诚度。

降低成本的原则、关键和方法

1.降低成本的原则

要想降低成本,就要坚持以下几个原则。

(1)全面介入。全面介入的原则是指成本管理的全部、全员、全过程的管理。全部就是,对企业经营中的全部成本进行管理。全员就是,发动管理者、工程技术人员、广大员工等树立成本意识,参与成本管理活动,并付之于行动。全过程就是,对产品的设计、制造、销售过程进行管理,并反馈管理效果,借以发现问题。

(2)例外管理。为了抓住突出的、显著的问题,解决关键问题,使降低成本的目标的实现有可靠的保证,企业要将注意力集中在超乎常情的情况上,并进行信息反馈。

(3)经济效益。加强成本管理的目的是降低成本,提高企业经济效益,但经济效益的提高,不仅要依靠降低成本的绝对数,更要实现相对节约。不仅要重视成本绝对数的降低,还应分析产品质量、产品产量的提高,增加利润,把握产品数量、质量、成本与经济效益的关系。

2.降低成本的关键

要想降低成本,关键要做好以下几点。

（1）划分责任主体。企业要结合生产工艺特点、职能部门、各类人员的职权范围，划分不同层次责任主体。对企业各二级生产单位（分厂、车间）进行合理划分，将没有产品产出的辅助生产部门设置为费用中心，将生产部门设置为成本中心。

（2）制定成本管理标准。要在企业内部对原材料和各种费用等消耗制定结算价格，确定定额，管理产品成本。

（3）落实成本管理责任。落实管理责任，应遵循的原则是，责任者知道他发生了什么耗费、责任者有办法计量其耗费、责任者发现耗费偏离计划时有办法进行调节，这样就能把管理责任落到实处。

（4）实行全面成本管理。首先，产品成本的形成，贯穿生产经营的全过程，涉及所有人员，要让员工结合自己的工作岗位，积极主动地参加成本管理。其次，影响成本的因素有很多，既有客观因素也有主观因素，凡是不利于成本降低的因素，都要严格控制。最后，产品成本的形成是从研制开始，然后经过生产准备、材料采购、生产过程、产品销售、售后服务等过程，因此成本管理应贯穿全过程。

3.降低成本的方法

要想降低成本，可以采用如下方法。

（1）建立成本管理体系。

①组织系统。组织是指人们为了一个共同目标而从事活动的一种方式。在企业组织中，通常将目标划分为几个子目标，并分别由相应的职能部门来完成。成本管理目标是企业目标的一个主要子目标，而生产部门又是员工最多、对企业绩效影响最大的部门，为了确立成本领先优势，要建立"成本中心"，可以按企业生产部门的组织结构设置进行合理划分。

②信息系统。成本管理体系的信息系统，就是责任会计系统。责任会计系统是企业会计系统的一部分，主要负责计量、传送和报告成本管理使

用的信息。

③考核奖惩制度。考核奖惩制度，是依据成本预算标准，对各成本中心也就是成本的责任单位的任务完成情况，进行的考核和评价，对任务完成好的单位进行奖励，任务完成较差的单位进行处罚，以维持长期有效的成本优势。

（2）建立标准成本和目标成本制度。为了控制成本，采用标准成本方法是一个有效途径。标准成本基本排除了不应该发生的"浪费"，是一种应当完成的成本标准。

①分类。根据企业生产技术和管理水平，可以分为两种：理想标准成本和正常标准成本。理想标准成本，是指在最优的生产条件下，利用现有的规模和设备能够达到的最低成本。制定理想成本的依据，是理论上的业绩标准、生产要素的理想价格和可能实现的最高生产经营水平。正常标准成本，是指在效率良好的条件下，根据一般的生产消耗水平制定出的标准成本。计算这种标准成本时，要把生产过程中无法避免的损耗计算在内，使之符合生产实际，成为切实可行的成本标准。

②制定。标准成本的制定通常从直接材料成本、直接人工成本和制造费用等三方面进行。制定标准成本，首先要确定直接材料和直接人工的标准成本，其次确定制造费用的标准成本，最后确定单位产品的标准成本。制定标准成本时，无论是哪个成本项目，都要分别确定其用量标准和价格标准，然后将二者相乘得出成本标准。

③目标成本。目标成本的制定，应从企业总的经营目标开始，逐级分解成基层的具体目标。制定时，要鼓励执行人自己参与、专业人员协助，发挥各级管理者的积极性。明确的目标可以起到激励的作用，能够对成本中心的管理者起到促进作用，自发地选择更有效的实现目标的方法，鼓励员工们经过努力实现企业的成本目标。

（3）责任成本管理。

①责任成本的归集原则。其他的成本管理方法，是以整个企业为对象的，无法对具体的生产车间的成本进行有效的管理，也就无法进行严格的考核。对生产车间来说，只能按照其可控的成本来进行管理和考核。责任成本的归集以可控性为原则，是责任成本最重要的特点。所谓可控性，是指产品在生产过程中所发生的耗费能否为特定的责任中心所控制。例如，材料的耗费可分解为价格和耗用量两个方面，对于生产部门来说，材料的耗用量成本是他们的可控成本，而价格成本是不可控成本；对采购部门来说，材料的价格成本是可控成本，而耗用量成本则是不可控成本。

②责任成本的管理方法。以各责任中心为归集对象，将各责任中心为生产各种产品所发生的料、工、费加在一起，就构成了责任成本。为了保证责任成本管理的顺利进行，企业应建立责任成本核算体系。责任成本是进行成本考核的重要内容。通过考核，不仅可以促进各责任中心控制和降低各种耗费，还能控制和降低各种产品的生产成本。

③成本责任中心的考核与奖惩。企业不论是采用哪一种成本管理方法，对生产单位的考核奖惩，都是以责任成本作为依据的。对成本费用进行控制，要依据成本中心责任成本预算，来确保各生产单位责任成本不超过预算；对生产单位的成本进行考核，为了保证企业成本的降低，应通过各成本中心的实际成本业绩与责任成本预算进行对比，并采取相应的奖罚措施。

第三章
从战略的高度解决企业发展瓶颈

一、何为企业战略？何为战略管理？

1. 何为企业战略

企业战略是指企业根据环境变化、自身资源和实力，选择合适的经营领域和产品，形成独有核心竞争力，并通过差异化取得市场竞争胜利，总之企业战略就是企业关键阶段的重大抉择。

企业战略是企业各种战略的总称，包括竞争战略、营销战略、发展战略、品牌战略、融资战略、技术开发战略、人才开发战略、资源开发战略等。虽然企业战略有很多种，但基本属性一样，都是对企业的谋略，是对企业整体性、长期性、基本性问题的计谋。

例如：

企业竞争战略是对企业竞争的谋略，是对企业竞争整体性、长期性、基本性问题的计谋；

企业技术开发战略是对企业技术开发的谋略，是对企业技术开发整体性、长期性、基本性问题的计谋；

企业人才战略是对企业人才开发的谋略，是对企业人才开发整体性、长期性、基本性问题的计谋。

……

不同的企业战略是相同的，也是不同的，相同的是基本属性，不同的是规划问题的层次和角度。简言之，无论是计划的哪个方面，只要它涉及企业的完整性、长期性和基本问题，都属于企业战略的范畴。

2. 何为战略管理

战略管理是指组织为了实现其使命、愿景和目标而制定、执行和评估的一系列决策和行动，是对企业或组织在一定时期的全局的、长远的发展方向、目标、任务和政策，以及资源调配做出的决策和管理。

战略管理包括战略制定、战略实施和战略评价等三个阶段。战略制定是确定企业的愿景、使命、目标和方案的过程。战略实施是将战略方案付诸行动的过程。战略评价是监测和衡量战略的进度和效果的过程。战略管理的主要特点如下。

（1）具有全局性和长远性。企业的战略管理以企业的全局为对象，根据企业总体发展的需要而制定，不是强调企业某一事业部或某一职能部门的重要性，而是通过制定企业的使命、目标和战略来协调各部门自身的表现。同时，战略管理面向的是未来管理，战略决策要以人员所期望或预测将要发生的情况为基础。在迅速变化和竞争性的环境中，企业要取得成功必须对未来的变化采取预应性的态势，这就需要企业做出长期性的战略计划。

（2）主体是高层管理者。只有高层管理者才能够统观全局，了解企业的全面情况，有权对战略实施所需资源进行分配。

（3）涉及企业大量资源的配置问题。战略决策需要在相当长的一段时间内致力于一系列的活动，而实施这些活动需要有大量的资源作为保证。因此，为了保证战略目标的实现，就要对企业资源进行统筹规划，合理配置。

（4）考虑企业外部环境的众多因素。企业处于一个开放的系统中，不仅影响着外部环境，也受外部环境因素的影响。因此，在未来竞争的环境中，企业要想占据有利地位并取得竞争优势，就要考虑与其相关的因素，包括竞争者、客户、资金供给者、政府等外部因素，使企业的行为适应不断变化中的外部力量,能够继续生存下去。

二、企业发展过程中会遭遇哪些瓶颈

什么是"瓶颈"?"瓶颈"就是一种停滞不前的状态,就像瓶子颈部一样有一个狭窄的关口,再往上便是出口,找不到正确的方向,很可能就会一直被困在瓶颈处。

基本上,企业发展到一定时期都会遇到瓶颈,处理得好,便可以找到新的发展出口,取得更大的成功,如果不知道怎么去突破或直接放弃破开重围的机会,就会导致事业搁浅甚至倒退。如果企业始终无法突破"瓶颈",最终将被不断变化的市场环境淘汰,很多企业仅用2年的时间就实现了一次飞跃,然而要用20年的时间消化由此带来的风险与危机,这就是所谓的"瓶颈"。

1. 企业会遭遇哪些瓶颈

在企业发展过程中,企业通常会遭遇这样几个瓶颈。

(1)公司目标体系、管理制度不健全。首先,公司没有目标体系,管理制度不够健全、观念落后,抗风险能力不强,成立时间较短,发展迅速,原有的体制机制不合适现有公司的需要,需要进行制度创新。其次,部分老员工存在不合时宜的思想认识,思想观念尚未完全转变,对于新形势认识不足,这会在一定程度上影响公司政策的落实。同时,公司自身规模小,创业意识不强,公司维持在一种较低水平发展状态。

(2)公司自身存在问题。公司自身力量薄弱、融资难,融资难一直是困扰公司发展的难题。主要体现在以下3个方面:首先是公司"信用"低,向银行申请信用评估门槛高;其次是公司融资形式单一,融资渠道狭窄，公司资金来源主要有政府扶持、公司自筹和银行贷款；最后是融资成本高，面对银行的高门槛，公司显得力不从心，为解资金紧张之急，只能使用民间借贷，而民间借贷的利率一般高于10%。

（3）公司培训体系与人才储备不足。社会化服务体系不健全，公司规模小、实力弱，无法在本企业范围内建立人员培训、信息收集、法律支援、管理咨询、市场营销等机构。工资缺乏吸引力，难以招到员工，关键岗位存在用工缺口；招聘进来的人员只把公司当作一个跳板，刚培养合格转身跳槽现象明显；招工难和用工贵并存，加重了公司生产经营的困难。

2. 企业如何度过瓶颈期

企业要想轻松度过瓶颈期，就要做到以下几点。

（1）站在客户角度思考问题。企业要想突破，就要学会换位思考，站在消费者的角度去考虑问题，设身处地地感受消费者的真实需求，并更好地对点解答。因此，真正好的产品，真正好的销售，真正好的企业，都会站在顾客的角度去思考问题，这样就会避免很多不必要的矛盾，减少消费者与公司之间的摩擦。

（2）确定长远的战略目标。企业要想做好，就要有清晰的目标，建立531战略规划和目标体系，因为只有公司树立正确的方向，才能顺利迈过瓶颈期。反之，企业没有好的战略目标，员工就不知道劲往哪里使，高层也会没有方向，长此以往，注定不会有全新的发展，企业也不会活得长久。目标，员工需要，公司同样需要。

（3）总结复盘，全面发展。想要迈过瓶颈期，就要充分总结工作经验，总结公司发展中遇到的问题。因为只有在反省中才能够发现问题，并总结问题。不善于总结工作，不善于总结经验，就不是合格的企业。

三、战略分析的定义、分类和方法

战略分析包括外部环境分析和内部环境分析。企业进行环境分析时，可以采用态势分析（SWOT 分析）、波特五力分析和波士顿矩阵分析等方法，来分析企业的发展机会和竞争力，以及各业务流程在价值创造中的优势和劣势，并对每一业务流程按照其优势强弱划分等级，从而为制定战略目标奠定基础。

1. 战略分析的定义

战略分析是针对企业中长期战略的正确性与执行偏差所进行的分析，针对未来数年的市场环境变化，对行业、客户和竞争对手等的趋势进行分析决策，确定战略目标与竞争策略。比如，每年 4~10 月华为都会针对未来 3~5 年的战略做滚动刷新，分析过去一年战略的执行情况，并结合市场环境最新趋势和变化，对战略进行重新分析和定位。

越是市场变化快的行业，就越应该把战略刷新的时间缩短，比如，阿里巴巴创业时，每 3 个月就需要分析市场状况，对战略进行刷新。

战略分析，不仅要分析战略的正确性，还要分析战略的执行情况，其分析框架主要为战略地图，看看战略要素与资源是否配置与执行到位，包括内部运营流程和活动、机制、人才、组织、文化与 IT 信息系统等。战略方向不正确，就调整战略方向；战略执行不力，就调整资源配置和执行要素，并通过战略分析，来为决策层调整战略提供支撑。

2. 战略分析的分类

（1）成本领先战略。所谓成本领先战略，就是企业持续降低成本，提供最低价格的产品，获得市场占有率和高于平均水平的利润。该战略概念由战略管理专家迈克尔·波特提出，要想提高企业竞争力，就要以最低的成本生产同类产品，在市场上以最低价格销售，以达到销量最大化和利润最优化。而要想实现这一点，企业就要在生产要素、生产工艺、产品设计等方面持续创新，并积极主动地设置价格。

要想实现成本领先战略，关键是降低成本，企业可以从多方面努力。

①投资新技术与装备，提高生产效率，如自动化生产线，可以大幅降低单位产出成本。

②简化产品设计，减少型号变化，降低研发与生产成本，如包装保持简单低成本。

③采用大宗采购，与供应商进行长期合作，以获得稳定的原材料采购价格优惠。

④选择高规模产能和标准化的产品线，以获得规模经济效应，如将商品表面装饰简化，大量生产，获得成本优势。

⑤选择大宗终端销售渠道，如零售网站、义卖店、批发市场等，最大限度地降低销售成本。

（2）差异化战略。差异化竞争策略，就是在产品和服务的特性上，努力做到与众不同。当某产品或服务没有可比性，同时又能打动客户时，就会被定一个高价，收益率也会很丰厚。可以说，差异化是企业成功的不二法门。比如，沃尔沃的"安全"、百事可乐的"新一代的选择"、巴奴火锅的"服务不过度，样样都讲究"、瑞幸咖啡的"互联网+咖啡"、拼多多的"低价团购"、京东的"快"、小米的"性价比"等，都在差异化战略上下足了功夫。

（3）集中化战略。集中化战略又称目标集中战略、目标聚集战略、专一化战略，是指将经营活动集中于某一特定的购买群体、产品线的某一部分或某一地域性市场，为该小市场的购买者提供比竞争对手更好、更有效的服务，以增强竞争优势。该战略适用于：细分市场具有足够的规模和增长潜力；消费者有特殊偏好或者需求；竞争对手没有试图专攻同样的市场。企业可以通过以下方式来选择细分市场。

①需求类似性。企业要选择需求类似的细分市场，并有效地满足该细分市场的需求。

②竞争程度。企业要选择竞争程度较低的细分市场，以获得较高的利润。

③增长潜力。企业要选择增长潜力较大的细分市场，来获得长期发展。

该战略不仅可以避免与竞争对手进行直接对抗，降低竞争风险，还可以使企业更加聚焦，从而提高企业的资源利用效率。

3.战略分析的方法

战略分析常用的方法如下。

（1）麦肯锡7步法。麦肯锡咨询人员界定和分析问题时，会经历7个步骤，分别是：

步骤1，明确问题，即我们的问题是什么？

步骤2，分解问题，即问题的关键要素有几个？

步骤3，关键要素排序，即按照8/2法则，抓主要问题，选出最重要的几个要素。

步骤4，制订详细的工作计划、搜集数据，学习和了解关键要素。

步骤5，分析研究关键要素。

步骤6，汇总研究成果，建立论据。

步骤7，形成汇报文件。

（2）PEST分析。PEST分析是指对宏观环境的分析，P是政治（politics），

E是经济（economy），S是社会（society），T是技术（technology）。该分析方法可以指导我们确定优先次序、分配资源、规划时间和发展路线图，制定控制机制。这种分析，不仅可以识别与企业战略相关的潜在机会和威胁，还能找出利用和避免它们的方法。

①政治。政治法律要素，是指对组织经营活动具有实际与潜在影响的政治力量和有关的法律、法规等。

②经济。经济要素，是指一个国家的经济制度、经济结构、产业布局、资源状况、经济发展水平和未来的经济走势等，主要包括宏观和微观两方面的内容。宏观经济环境是指一个国家的人口数量及其增长趋势，国民收入、国民生产总值及其变化情况，以及这些指标反映的国民经济发展水平和发展速度。微观经济环境主要是指，企业所在地区或所服务地区的消费者的收入水平、消费偏好、储蓄情况和就业程度等。

③社会文化。社会文化要素，是指组织所在社会中成员的民族特征、文化传统、价值观念、宗教信仰、教育水平以及风俗习惯等因素。每个社会都有其核心价值观，具有高度的持续性，这些价值观和文化传统是历史的沉淀，并通过家庭繁衍和社会教育而传播延续，稳定性极强。

④技术。技术要素不仅包括那些引起革命性变化的发明，还包括与企业生产有关的新技术、新工艺、新材料的出现和发展趋势以及应用前景。

（3）价值流动分析。价值流动分析主要用于评估行业当前所处的价值阶段，主要关心3大问题。

①行业价值要素正在产生什么变化？（份额、利润、投资和盈利方式等）

②价值流动的类型是？（行业间、公司间、内部业务间）

③面对行业变化我们的策略可能？（投入变化、细分市场、赛道转移）

（4）波特五力模型。波特五力模型由迈克尔·波特（Michael Porter）

于20世纪80年代初提出。他认为，行业中存在着决定竞争规模和程度的五种力量，即同行业内现有竞争者的竞争能力、潜在竞争者进入的能力、替代品的替代能力、供应商的讨价还价能力与购买者的议价能力。这五种力量一起影响着产业的吸引力以及现有企业的竞争战略决策。该模型最终的结果是为企业制定竞争战略，竞争战略通常分为三种，即成本领先、产品差异化和集中战略，企业可以根据自身情况来做出选择，例如，企业对供应商有非常强的议价能力，就可以采用成本领先的竞争战略，薄利多销。

（5）商业模式画布。商业模式画布是一种分析企业价值的工具，通过将商业模式中的元素标准化，来引导思维，并将素材进行归档，具体内容包括客户细分、客户关系、渠道、价值主张、关键业务、核心资源、合作伙伴、成本结构和收入来源。可将收集到的素材分模块填充，当这张图完成了，企业的商业模式也就水到渠成。

①客户细分。你的目标用户群，为谁创造价值，谁是我们最重要的客户？是大众市场、利基市场、区隔化市场，还是多元化市场、多边平台或多边市场？

②价值主张。给客户传递什么价值、解决哪些难题、提供的产品和服务，是新颖、性能、定制化、把事情做好？还是设计、品牌或身份地位、价格、成本削减、可达性、便利性？

③渠道通路。你和客户如何产生联系，如何帮助客户提高认知、评估、购买、传递、售后等。

④客户关系。客户接触到你的产品后，你们之间应建立怎样的关系，一锤子买卖，抑或长期合作？

⑤收入来源。你将怎样从自己提供的价值中取得收益，资产销售、使用收费、订阅收费、租赁收费、授权收费、经纪收费、广告收费？

⑥核心资源。为了提供并销售这些价值，你必须拥有的资源，如资

金、技术、人才、知识。

⑦关键业务。商业运作中必须从事的具体业务，如制造产品、问题解决、平台/网络。

⑧重要伙伴。哪些人或机构可以给予战略支持，如供应商、广告商等。

⑨成本结构。你需要为哪些项目付出成本，固定成本、可变成本、规模经济、范围经济？

使用者可以按照这样的顺序进行：首先要了解目标用户群，然后确定他们的需求（价值定位），想好如何接触到他们（渠道），怎么盈利（收益流），凭借什么筹码实现盈利（核心资源），能向你伸出援手的人（合伙人），以及根据综合成本定价。

（6）SWOT。20世纪80年代初美国旧金山大学的管理学教授海因茨·韦里克提出了SWOT分析法，S（strengths）是优势、W（weaknesses）是劣势，O（opportunities）是机会、T（threats）是威胁。

如果外部机会正好是你的优势，就赶紧利用起来。该利用方法，是"机会优势战略"（S）。

如果外部的机会是你的劣势，就需要改进。这个改进方法，是"机会劣势战略"（W）。

如果具有优势但外部存在威胁，就要时刻盯梢、保持警惕。如何监视？就是"优势威胁战略"（T）。

如果既是威胁又是劣势，就要及时逃离并消除。这个消除方法，就是"威胁劣势战略"（W）。

（7）波士顿矩阵。波士顿矩阵认为，决定产品结构的基本因素一共有两个：市场引力与企业实力。

市场引力，包括整个市场的销售量（额）增长率、竞争对手强弱和利润高低等。其中，销售量（额）增长率是决定企业产品结构是否合理的外在因素，能明显反映市场引力。

企业实力，包括市场占有率，技术、设备、资金利用能力等。其中，市场占有率是决定企业产品结构的内在要素，显示了企业竞争实力。

波士顿矩阵分析，对于企业产品所处的4个象限，具有不同的定义和战略对策。

①明星型产品——增长。

这类产品可能成为企业的现金母牛产品，需要加大投资，支持其迅速发展。采用的发展战略是：增长战略，积极扩大经济规模和市场机会，以长远利益为目标，提高市场占有率，加强竞争地位。

②问题型产品——选择。

对此类型产品，企业将面临选择加强竞争地位，还是进行出售、放弃的决定。只有符合企业发展长远目标、企业具有资源优势、能够增强企业核心竞争力的业务才能得到肯定的回答。

③现金牛型产品——收获。

市场已经成熟，企业不必大量投资来扩展市场规模。同时，作为市场领导者，该业务享有规模经济和高边际利润的优势，可以给企业带来大量现金流。

④瘦狗型产品——撤退。

通常，这类产品是处在低增长率、低市场占有率象限内的产品群，利润率低、处于保本或亏损状态，负债比率高，无法为企业带来收益。对这类产品应采用撤退战略：首先，减少批量，逐渐撤退，销售增长率和市场占有率均极低的产品，立即淘汰；其次，将剩余资源转向其他产品；最后，整顿产品系列，最好将瘦狗产品与其他事业部合并，统一管理。

四、从战略的高度解决企业发展瓶颈

企业战略的制定

战略就像下棋,需要总体布局,并通过步步为营赢得最终胜利。

所谓战略制定,就是根据确定的愿景、使命和环境来分析情况,选择和设定战略目标。企业可以根据整体目标的保障、员工积极性的发挥、各部门战略方案的协调等,选择自上而下、自下而上或上下结合的方法,制定战略目标。

企业战略制定的具体步骤如下。

第1步,市场洞察

分析企业外部环境,对企业面临的宏观环境动态、行业发展趋势、竞争对手以及行业标杆的信息进行专业分析,并收集基本数据和不同意见,按最大公约数、经营自身特长和稳健发展等原则,确认后达成统一认识。

第2步,发现优势

企业发现自身优势,通过战略分析的"四个落脚点",即看趋势找机会、看客户找定位、看对手找差距、看自己找优势,进行专业分析。而要想发现优势环节,关键是要通过对标分析的方式,找出自身在哪一方面比竞争对手更为突出,能够创造超出竞争对手的收益,从而激发管理者持续奋斗的事业雄心。

第3步,共启愿景

在实施战略管理之前,必须确定企业愿景,然后在此基础上明确企业使命，形成企业战略目标。所谓企业愿景，就是企业存在的最终目的，企业发展到最后是什么样子？企业愿景是关于理想的独特画面，它面向未来，是引导企业前进的灯塔，可以为全体员工带来共同利益。企业家要将美好的企业愿景公之于众，让员工清晰地了解鼓舞人心的愿景，实现思想和行动上的统一，以适应多变的市场环境。

第4步，明确战略

该步骤的主要内容是，确定企业未来的战略选择与目标，对战略规划达成共识，扫除战略落地执行过程中的众多障碍，来有效推动战略目标的实现。基于企业当下的内外部环境做取舍，思考企业选择做什么业务和不做什么业务，结合企业的使命愿景，确定未来5年的发展规划以及下一年度的战略主题和目标。

第5步，寻找差距

企业要对照当前的实际业绩、管理运营现状，以及战略目标与期望的业绩要求，进行分析对比，明确"公司存在哪些不足？"然后，按照重要性和紧急性两个维度，找到可以弥补不足的机会，找到最需要解决的3项目标任务是什么？应对措施有哪些？资源倾斜的方向是什么？

第6步，关键举措

首先，借助战略地图，梳理出实现战略目标的关键流程和关键目标，统一战略表达的语言，提供可视化的架构，最大限度地保障企业内部对战略理解的一致性。

其次，根据关键流程和关键目标，找到实现战略目标的关键行动和关键方法。

最后，通过财务、客户、内部运营和学习成长等四个维度，绘制出各关键举措之间的因果逻辑关系，从而找到关键成功因素和具体实现路径。

第7步，确定指标

确定指标，就是制定公司层级的关键绩效指标。即围绕年度重点工作，把公司层级的全年工作目标，分解成年度关键绩效指标。年度绩效指标包括目标值和行动方案，需要注意的是，在制定时要确保年度绩效指标之间有清晰的逻辑关系，能够有效衡量；年度绩效指标要符合SMART原则，要具体、可度量、可实现、与职责相关、有时限，能够落地实施。

第8步，指标分解

利用目标分解矩阵，将公司层级的年度绩效指标分解至各部门，各指标都要确定主要负责部门和辅助负责部门。

分解到各部门的年度绩效指标，纵向应与公司整体目标进行逻辑关联，横向应与其他部门的绩效指标协同配合。要确保每个年度绩效指标有责任主体，有验收的质量标准和时间要求，并能让各部门协同配合，共同完成全年工作目标。

设定部门战略目标

企业设定战略目标后，各部门需要结合企业战略目标设定本部门战略目标，并将其具体化为一套关键财务及非财务指标的预测值。为各关键指标设定的目标（预测）值，不仅要与本企业的可利用资源相匹配，还要便于执行人积极有效地实现既定目标。

1.目标分解的重要性

目标分解是确保组织战略目标有效实施的关键步骤，是决定着公司总体目标最终是否能够达成的关键环节。

（1）提高目标的明确性和可操作性。高层战略目标通常是宏观和抽象的，难以直接转化为具体的行动计划。目标分解，将高层目标分解为可操作的子目标，使其更具体、明确和可衡量，各部门和员工就能更好地理解目标要求，明确自己的任务和责任。

（2）实现组织内部的协调性和一致性。将高层目标逐级分解为各个部门的子目标，确保各部门的工作目标相互关联、相互支持，形成整体协同效应，不仅可以提高组织内部的协作和合作，还能促进各部门共同努力实现整体目标。

（3）提高工作效率和绩效。目标分解会使工作变得更具体和可衡量，有助于明确工作重点和优先级。将目标分解为具体的任务和指标，可以更好地进行工作计划和资源分配，并为绩效评估提供依据，使绩效评估更客观、准确和公正。

（4）促进员工参与和责任感。通过目标分解，员工就能明确自己的任务和责任，并与整体目标对齐。参与目标分解过程，员工可以理解自己在实现组织战略目标中的重要性，从而增强员工的责任感和归属感，继而激发员工的积极性和主动性，进而提高员工的工作满意度和绩效表现。

2. 目标分解的基本原则

目标分解是一个系统性过程，需要遵循一些原则，确保其有效性和可行性。

（1）上下承接原则。确保分解的目标与高层战略目标保持一致。例如，公司的战略目标是增加市场份额，为了支持公司的战略目标，下一级的销售部门可以将目标设定为每个季度增加一定的销售额。

（2）横向协同原则。要确保不同部门或个人的目标在横向上相互关联和协同，以实现整体目标的一致性。例如，销售部门的目标可以与市场部门的目标相互关联，来确保市场推广和销售活动的协同效应。

（3）SMART原则（具体、可衡量、可实现、相关、时间限定）。目标应该具体、可衡量、可实现、与实际情况相关，并设定时间限制。

（4）可操作性原则。要确保分解后的目标是可操作的和具体的。将整体目标分解为不同部门的子目标，并确保每个子目标都是可操作的，例如，市场部门的子目标可以是开展市场调研并制定营销策略。

3.目标分解的内容

在明确战略目标后，企业要将它们解码为各部门和员工易于理解的具体任务，主要内容如下。

（1）目标分解。根据高层战略目标，将企业战略目标分解为各部门的子目标，以确保每个部门都明确自己的责任，并确保每个子目标都是可操作的、可衡量的，是与高层目标保持一致的。

（2）量化指标。为每个子目标设定相应的指标和度量标准，来评估目标的达成情况。指标应该是可衡量的、具体的，并与子目标的要求相匹配。

（3）时间表与里程碑。为每个目标设定明确的时间表和里程碑，以监控进度并确保按时完成。

将企业的战略路径变成现实

战略实施，就是把企业战略转换为具体行动，并实现预定的企业目标。

为了适应企业战略的发展，在战略实施的过程中，要不断调整组织结构、企业文化、管理方式、激励措施、资源配置等。

1.战略实施的阶段

战略实施是一个动态的管理过程，需要经过这样几个阶段。

（1）战略发动阶段。战略发动阶段，重在发动，不仅要调动全体员工的积极性和主动性，还要对他们做好培训，给他们灌输新思想和新观念，让他们接受新战略。

（2）战略计划阶段。战略计划阶段，重在计划。把战略拆解成几个实施阶段，然后将每个实施阶段拆解成几个分阶段，并对不同阶段制订相应的方案。比如，5~10年的战略计划，先拆解成三大阶段：3年、5年、10年，然后再继续拆成1年、半年、1月等。

（3）战略运作阶段。战略运作阶段，重在运作。在该阶段，要做好以下六方面：领导者的素质和价值观念、组织机构、企业文化、资源结构与分配、信息沟通、控制和激励制度。

（4）战略的控制与评估阶段。战略的控制与评估阶段，重在控制与评估。该阶段共有3个重点：建立控制系统、监控绩效管理、评估偏差以及纠正偏差。

2. 战略实施的特征

战略实施，共有以下3个特征。

（1）严格性。不管企业所在经营环境如何，战略意图和宗旨都不能轻易改变。

（2）应变性。在实施战略的过程中，会遇到各种意外，因此要保持一定的应变性。

（3）恰当性。战略实施的过程中，会涉及各种指标和方案，无论哪种指标和方案，都要满足恰当性。

3. 战略实施的原则

战略实施的过程中，要坚持3个基本原则，这也是企业实施经营战略的基本依据。

（1）统一性。高层，不仅是战略的制定者，也是战略的实施者，要了解战略实施的重要性，要在组织上、管理模式上、表达沟通上对员工进行统一指挥和领导，要带领大家朝着战略方向一起走。

（2）合理性。在战略实施的过程中，一旦遇到意外情况，就要用合理性原则来解决。不走极端，按照事情的本来面目，做出符合事实、逻辑的行动，朝着企业的战略目标方向前进。

（3）应变性。无论战略计划多么完美，在实施的过程中，都会出现意外变化，因此要懂得灵活变通。

（4）有效沟通。实施战略时，从动员到监督，从制定到发布，都需要进行有效的沟通。

4.战略实施的步骤

战略的实施通常要经历以下5个步骤。

（1）目标拆解。所谓目标拆解，就是把战略计划目标按照时间和责任人等进行层层分解。比如，一个10年的战略计划，按照时间，可以分成1年、3年、5年、10年；按照责任人，可以分成董事长责任人、CEO责任人、总经理责任人、中层责任人等。

（2）责任锁定。将目标拆解后，各责任人都要完成各自的任务目标，这一过程要分工明确、指标清晰。

（3）行动计划。行动计划，就是把战略目标拆解成详细的行动指导方案。比如，先将目标拆解为1年、3年、5年、10年等计划目标，再细化成可以指导行动的目标。行动计划，包括时间、人员、资金、业绩、指标等。

（4）业绩跟踪。所谓业绩跟踪，就是对每一个行动计划都要衡量其业绩是否达标；如果不达标，要制订怎样的改善方案。

（5）结果考核。企业想要获得良性发展，想要壮大起来，就要拿结果来说话。

需要说明的是，以上5个步骤必须步步递进，不能随意跳跃。

使用多种管理会计工具，加强战略管控

为了加强战略管控，企业要结合战略地图、价值链管理等多种管理会

计工具方法,将战略实施的关键业务流程化,并落实到企业现有的业务流程中,来高效率和高效益地实现战略目标。

1. 战略地图

战略地图,是一种可视化的战略规划工具,能通过将战略目标分解为具体的行动计划和指标,来帮助组织或项目明确战略路径和实施步骤。

(1)制作战略地图的步骤。

第1步,明确愿景和使命。组织明确了长期愿景和使命,有助于确立战略地图的基础,使其反映组织的核心价值和目标。

第2步,识别关键绩效指标。确定影响组织成功的关键绩效指标。这些指标不仅要与愿景和使命直接相关,可以量化,还要能衡量组织在不同方面的表现。

第3步,建立战略目标。基于愿景、使命和关键绩效指标,制定具体的、可衡量的战略目标。这些目标,不仅应该具有挑战性、可实现性,还要能引导组织朝着长期愿景迈进。

第4步,制订战略行动计划。为了实现每个战略目标,就要制订具体的行动计划。计划内容应包括负责人、资源分配、时间表等详细信息,以确保实施的可操作性。

第5步,建立战略地图。将战略目标和行动计划以图形化的方式表达,形成战略地图,不仅有助于可视化战略路径,还能使团队成员更易理解和共享组织的战略方向。

第6步,制定关键绩效指标的目标值。为各关键绩效指标设定目标值,在实施过程中定量评估组织的进展。

第7步,建立沟通渠道。确保有效的内部和外部沟通渠道,向所有相关方传达战略地图的内容和意义,以确保组织朝着共同的目标努力。

(2)制作战略地图的注意事项。

①全员参与。在制定战略地图的过程中,要让全员参与,以获取多样的观点和建议,来提高战略计划的质量和可行性。

②定期评估和调整。定期评估战略地图的执行情况,然后做出调整。

③关注环境变化。为了适应新的市场条件、竞争压力和技术趋势,要关注外部环境的变化,适时调整战略地图。

④强调绩效管理。重视绩效管理,确保成员理解自己扮演的角色,并为其提供必要的培训和支持。

⑤持续创新。鼓励成员持续创新,来推动战略地图的成功实施。

⑥建立学习文化。创建一种学习文化,使组织从实施过程中吸取经验和教训,不断改进战略地图和执行计划。

2. 价值链分析法

价值链分析法由美国哈佛商学院教授迈克尔·波特提出,是一种寻求确定企业竞争优势的工具。

价值链分析法更多地关注企业内部活动的价值产生。通过分析和识别企业活动,将企业活动进行归类、分析和区分,并确定企业价值链的关键环节,以确立企业的竞争优势来源。价值链分析法的基本步骤如下。

第1步,确认产业的价值链

产业价值链连接着不同的产业创造作业或活动。只有符合下列性质的作业活动,才需被单独辨认:

(1)在营运成本中占重大比例或快速成长;

(2)成本习性(或成本动因)异于其他价值活动;

(3)执行方法与竞争对手不同;

(4)可能使产品更具差异化能力;

(5)该价值作业与其他经营单位共享。

第2步,分析相关的成本动因

要想做出正确的决策，确保企业的竞争优势，企业必须了解自身在产业价值链中的相对地位，并分析内部外部作业连接关系，以确认作业成本动因。

（1）外部连接。外部连接是指企业执行的作业与外部供应商及客户所执行作业之间的关系。强化组织与外部供应商和客户之间的连接关系，可提高公司价值，创造竞争优势。例如，供应商提供高质量的原材料，有助于公司达成全面质量控制目标；销售低维修及低耗油产品给客户，有助于提高客户满意度，增加未来的市场占有率。公司必须明确自身与上游供应商及下游客户之间的连接关系，并与其成为价值共同体，一起合作成长。

（2）内部连接。内部连接是指企业内部所执行创造价值的各项作业之间的关系。评估企业内部各项作业连接的关系，有助于产品成本的降低与价值的提高。例如，产品的设计将影响产品的制造成本。如果设计人员对零件数量、材料采购、材料移动，以及质量检验等作业的成本动因有所认知，进而重新设计产品，使每单位产品所需的零件数量减少，将会降低产品的制造成本。

第3步，发展出比竞争对手更佳的竞争优势

利用价值链分析，需要做到以下两点。

（1）比竞争对手更有效地控制成本动因。每项作业活动，都要达到降低成本或增加收益的目标。

（2）重新设计价值链作业流程，以获得持续的竞争优势。

检测战略实施情况，评价战略执行效果

战略评价和控制，是指在战略实施过程中，企业检测战略实施进展情况，评价战略执行效果，审视战略的科学性和有效性，并不断调整战略举措，以达到预期目标。

企业主要应从以下几个方面进行战略评价。

1. 战略是否适应企业的内外部环境

战略必须能应对外部环境变化，外部环境发生变化时，企业必须及时变更战略。

企业应对行业市场、竞争对手和客户等进行调研，掌握所在行业未来3~5年的发展趋势。

企业必须知道外部环境短期、长期对企业发展来说是有利，还是不利。

企业必须自问：企业制定的战略能否适应外部环境的变化，当前的战略是否与竞争环境相匹配？为适应行业发展变化，企业需要采取哪些应对措施？

2. 战略是否达到有效的资源配置

确定战略后，企业要进行有效的资源配置，来确保战略的顺利实施和预期目标的实现。

（1）了解资源的种类和效用。企业的资源可以分为人力资源、财务资源和物理资源等。企业只有了解了各种资源的性质和效用，才能更好地评估其在实施战略中的重要性和价值。

（2）确定资源的需求和供应。根据战略目标和计划，确定企业实施战略所需的资源类型和数量。然后，评估企业目前拥有的资源，并与所需资源进行对比，为接下来的资源配置做准备。

（3）优先级排序和分配资源。根据战略的重要性和紧急程度，将资源按照优先级进行排序。首先，要优先考虑那些对实施战略影响最大的资源需求，并确保这些资源得到足够的分配。其次，要合理分配资源，满足其他重要项目的需求。

（4）考虑资源的可替代性和灵活性。在资源配置过程中，要考虑资源的可替代性和灵活性。如果某些资源难以获得或使用受限，可以通过合作伙伴关系、外包等方式获取所需资源。

（5）实施资源监控和调整。资源配置不是一次性完成的，随着战略的实施和环境的变化，要及时进行资源的监控和调整，以确保资源的有效利用，并根据需要进行重新分配。

3. 战略涉及的风险程度能否接受

（1）风险识别。清晰识别问题，并进行准确、完整的描述。

①信息的来源。具体方式有员工发现、内外部投诉、日常监控、质量管理回顾、内外部检查等。

②详细说明问题及有效的证据。例如，描述应该发生什么、实际发生了什么、在什么地方发生、什么时间发生的、什么时间发现的、谁发现的、怎样发现的。

（2）风险评价。风险评价包括风险分析和风险评估，能为后续投入的资源和采取措施的程度提供依据。

①判断问题严重性。着重从成本、安全、产品质量的可靠性和客户的满意度等四个角度进行考虑。

②划分风险级别。风险的级别不同，采用的策略也应有所不同。

（3）风险综合评价。风险综合评价是综合相关学科专家和质量保证部门的意见，以获得风险因素的权重和发生概率，进而获得问题的整体风险程度。其步骤主要包括以下4步。

第1步，建立风险调查表，完成对风险的识别。

第2步，判断风险的影响。

第3步，判断每个风险发生的概率。

第4步，计算每个风险因素的等级，来得出问题的综合风险等级。

4. 战略实施的时间和进度是否恰当

这一步骤需考察战略实施的时间和进度是否恰当。

根据战略评价结果,及时调整战略

战略调整,是指企业根据自身情况的发展变化和战略评价结果,对所制定的战略及时进行调整,以保证战略能有效指导企业经营管理活动。

1. 战略调整的原则

进行战略调整,需要遵循以下原则。

(1)动态适应。调整企业战略的过程,要遵循动态适应的原则。因为随着外部环境的变化,企业会不断接受新的信息,遵循动态适应原则,企业就能根据新信息不停地调整现有战略,增加战略的柔性,使企业战略既能具有一定的稳定性,又能拥有一定的适应性。

(2)有效控制。企业和环境互相影响、相互制约,企业只有进行积极改变,才能使企业在与环境变化的博弈中处于较主动的地位。有效控制原则就是指,在环境变化时企业要占据主动位置,通过控制内部管理系统,来更好地预测环境的变化,以帮助企业成功调整战略。

(3)局部调整。进行战略调整时,需遵循局部调整原则,要从一个个方面开始,来保证企业在进行战略调整的同时不会影响其正常经营。

2. 战略调整的方法

要想调整战略,可以使用以下方法。

(1)制定柔性组织架构。为了应对外部环境的变化或不确定事件的影响,企业可以制定柔性组织架构,以保证战略调整得到有效实施。制定柔性组织架构,是保证企业能遵循动态适应原则的前提。

(2)建立环境变化预警系统。企业要想正确感知到环境变化,就要建立环境变化预警系统。拥有了该系统,企业就能监控外部环境的变化,并分析不确定性程度。

(3)运用目标管理法。企业进行战略调整,需不断制定新的短期战略目标,使企业在完成多个短期战略目标的同时,完成长期战略的调整。

第四章
年度经营计划落地
——降本增效的运营载体

一、年度经营计划的定义和意义

1. 何为年度经营计划

年度经营计划是一份重要的经营管理计划，其以公司中长期发展战略为指引，基于外部经营环境的预测和公司内部资源与能力的实际情况，筹划下年度的经营工作，确定下年度的经营策略、目标、重点工作以及月度运营计划，从而有效地指导下年度经营管理工作的开展。

简言之，年度经营计划就是在公司战略发展规划的引导下，根据经营目标，对企业的生产经营活动和所需资源，从时间和空间上进行统筹安排。

2. 制订年度经营计划的意义

（1）明确企业目标。年度经营计划是企业明确目标的重要文件，不仅可以帮助企业设定具体目标，还能为实现这些目标制订具体的计划。

（2）提高经营效率。年度经营计划可以帮助企业有效地利用资源，提高经营效率，并确保企业的资源（人力、物力、财力等）得到充分利用，避免浪费和重复。

（3）提高竞争力。年度经营计划可以帮助企业评估市场环境和竞争情况，制定有效的经营策略，提高企业的竞争力，使其在市场上获得更多的机会和成功。

（4）提高透明度。年度经营计划是一份明确的、公开的文件，可以帮助企业提高透明度，并增加企业的信任度，从而吸引更多的投资者和客户。

（5）促进内部协作。制订年度经营计划可以帮助各部门协作配合，提高经营效率，并确保各部门的目标是一致的，且各部门的工作是协调一致的。

（6）进行财务管理和风险管理。通过制订年度经营计划，企业可以明确资金需求和资金分配方案，更好地进行财务管理。同时，对市场环境和竞争情况进行的评估，让企业可以更好地识别和应对风险，这样就能保证其长期发展和稳定。

（7）提高员工的工作效率。明确公司目标和资源配置方案，员工可以更好地了解自己的工作职责和工作重点，从而提高工作效率。同时，员工可以根据公司的目标和策略，更好地把工作融入公司的整体发展。

二、年度经营计划的制订原则

企业的有效运作应当遵循"战略—经营—管理"三位一体运行的规律。其中，战略着眼于长远规划，指明了企业前进的方向；管理侧重日常运营，可以确保企业运作的效率；年度经营计划能对上承接方向，对下保障效率，可以达成战略和管理的结果。

要想将经营的各要素统合筹划，实现同向发展，科学的年度经营计划应当符合六大基本原则。

1. 平衡性原则

企业管理的本质是保障今天的利润和未来持续盈利的能力。年度经营计划编制的平衡性原则：是指年度经营不仅要保障利润，还要规划发展；不仅要保障本年度经营目标的实现，还要有助于未来目标的实现。管理者应当一手抓现在一手抓未来，因为企业今天的结果不是由今天的决定造成的，而是由两三年前的决定造成的。企业要想在两三年后发展得越来越好，就要在当下考虑未来的发展规划问题。

作为年度目标的"利润"，具有明确的指向，而"发展"作为年度经营目标，具体包括哪些方面呢？

（1）战略的检讨。要对企业的内外部环境进行系统性分析，首先观察企业的商业模式能否很好地适应行业发展趋势，然后设计年度经营策略或调整企业发展战略。

（2）人才的规划和团队的培养。人才的规划不仅是对未来所需人才的预测，更要从未来发展对人才的需求出发，结合业务变迁对特殊人才的需求，以及人才培养的长期性，盘点当前的人才结构，来制订年度人才规划，优化人才梯队建设。

（3）核心技术与核心竞争力的提高。企业对核心技术进行持续投入，培育产业新机会，都是事关未来发展的重要举措。

（4）组织能力的培养。以组织能力建设的确定性来应对外部风险的不确定性和计划性，是企业增强风险抵御能力的基础。

（5）资源的准备。统筹考虑未来发展所需的有形资源和无形资源，对需要长期积累才能形成价值的无形资源，要提前布局和获取。

2. 系统性原则

年度经营计划不应是孤立存在的，而应是连接战略和管理的桥梁，因此，年度经营计划不能仅仅是当年的"经营"，其向上是支撑未来战略达成的计划，向下是企业各项管理活动的目标与策略指南。

年度经营计划的系统性还体现在，经营计划是经营团队共同的事情，不只是总经理或高层的事情。业绩是团队的作品，年度经营计划的参与者包括更广泛的基层员工，不仅要有高层的宏观视野，更要有贯通高层至一线的整体逻辑。

3. 协同性原则

年度经营计划编制的协同性原则是指，应通过组织规划，将企业的事业单位和职能单位统筹起来，使之围绕企业经济效益协同运作。

（1）企业的经营效益是各部门和各岗位存在的基础，无论是事业单位，还是职能单位，都应以企业效益为核心。

（2）职能单位的服务对象并不是事业单位本身，而是公司经营目标和战略目标。

4. 聚焦性原则

要将公司有限的资源和全员的精力聚焦在最重要的事情上，来避免资源的浪费。主要体现在以下4个方面。①制定目标，明确公司未来1年的核心任务。②设计策略。③行动计划。④绩效评估。如此，就能从目标到绩效形成一种闭环管理，将全员的努力聚焦在企业最重要的目标和事情上，从而推动企业获得良性和稳定的发展，取得竞争优势。

5. 经济性原则

经营思维是一种投入产出思维，企业的理想和追求都需要利润来支撑。企业制订经营计划的过程中，应通盘思考企业资源，并将其进行优化组合，发挥出它的最大价值，也就是说，不仅要考虑会计利润，更要考虑经济利润。

会计利润 = 总收入 − 显性成本

经济利润 = 会计利润 − 隐性成本 = 总收入 − 所有投入的机会成本

6. 对等性原则

经营计划应当确保年度经营目标、经营能力、经营业绩，以及经营主体的责、权、利之间互相匹配。

（1）目标与责任对等。目标即责任，对于各级人员来说，追求多大的目标，就意味着要承担多大的责任。

（2）责任与权力对等。权力代表调动资源的能力和范围，科学合理的授权是履行职责的必要条件，获得授权意味着获得了责任。

（3）权力与能力对等。能力代表掌握权力的资格和水平，相同的权力，在不同的能力作用下，会产生截然不同的效果，能力越强，对资源的管理水平越高，能够管理的资源也就越多，权力和责任就更大。

（4）能力与业绩对等。业绩是目标的最终结果，是责任的呈现方式，是资源和能力综合作用的产物。

（5）业绩与收入对等。业绩是一种事后成果，收入是成果利益的分配情况。

三、年度经营计划制订"八段锦"

关于年度经营计划，我总结有"八段锦"：战略洞察、自我检视、目标制定、行动落地、绩效激励、课题改善、质询复盘，以及预算保障。

1. 一段锦——战略洞察

即通过"五看三定"来确定公司未来3~5年发展的战略方向。"五看"包含看行业、看市场、看竞争、看客户端、看供应端；"三定"包含定目标、定策略、定控制点。

（1）看行业。深入分析行业趋势，对行业集中度进行调研，评估企业产品的集中度处在快速上升期还是平稳期，分析应该采取何种发展策略来适应行业现状。

（2）看市场。深入分析产品的市场规模容量，评估产品处于快速导入期还是成长期、成熟期或者衰退期，分析应该采取何种发展策略来应对市场变化。

（3）看竞争。从市场营销、产品/服务、技术创新、人力资源等角度，对企业与竞争对手进行全方位的优劣势分析，找出不足和发展机会。

（4）看客户端。深入分析企业在客户端的市场份额、供应地位和议价能力，找出不足和发展机会。

（5）看供应端。深入分析企业的供应链状况，识别产业链上游存在的风险以及与竞争对手在供应链管理上的优劣势，找出不足与发展机会。

（6）定目标。通过调研与分析，确定企业未来5年、3年、1年的战略目标，来明确经营目标和发展目标。

（7）定策略。根据战略目标的拆解，制定企业各维度的策略方法，包含市场策略、营销策略、渠道策略、管理策略、品牌策略、推广策略、产品策略等。

（8）定控制点。对年度策略进行分解，建立具体的行动计划，构建运营过程的跟踪体系。

2. 二段锦——自我检视

从六大维度开展内部资源的自我检视，建立企业内部经营的得失分析库。

（1）业务完成维度检视。透析企业经营目标和发展目标的完成情况，对各目标维度进行深入分析，找出不足与机会。

（2）团队战斗力维度检视。对企业的组织模式、薪酬激励模式、考核体系、培训体系、团队建设体系等进行全面梳理，找出不足与机会。

（3）营销管理维度检视。对企业营销目标、营销模式、营销政策、营销活动、营销工具、营销服务体系等进行全面梳理，找出不足与机会。

（4）市场推广维度检视。对企业市场调研、市场跟进、市场布局、市场投入、市场活动等进行全面梳理，找出不足与发展机会。

（5）渠道建设维度检视。对企业渠道政策、渠道拓宽计划、渠道拓宽方法进行全面梳理，找出不足与发展机会。

（6）品牌建设维度检视。对企业品牌传播计划、品牌推广计划、品牌工具选择、内外部品牌建设等进行全面梳理，找出不足与发展机会。

3. 三段锦——目标制定

目标制定包含企业全景 1 年目标制定、目标四维度的分解、部门目标设定的"三度一动"原则、公司级 / 部门级目标分解等内容，通过层层解码后，来最终发布公司的年度目标。

（1）1 年全景目标制定。目标承接战略，对标竞争对手和企业过往历史，不断调整机制，激发团队潜能，由团队确定 1 年的全景目标。

（2）四维度目标分解。基于财务目标、客户目标、内部运营目标、学习成长目标等四维度目标分解，系统全面地对公司目标进行规范管理。公司目标与部门目标的分解都应遵循四维度目标分解原则。

（3）部门目标设定的"三度一动"原则。即目标设定应有高度要能够承接公司总体目标；目标设定应有宽度要能够在各部门之间进行衔接；目标设定应有深度，各部门的子目标应比总目标要求要高；目标设定应能够适应当下，并能做适当的调整。

4. 四段锦——行动落地

OGSM-T 是一种科学的计划与执行管理工具，能够使业务集中在大的目的与目标上。在关键策略上，对企业战略地图的具体作战计划进行分解，是企业实践策略的有效手段。

（1）目的（Objectives）。明确企业需要实现什么、工作的方向是什么？通常以文字体现。

（2）目标（Goals）。明确企业如何衡量达到目的的程度、有哪些目标需要实现？通常以具体的数据体现。

（3）策略（Strategies）。明确描述企业应如何达到目的和目标、采取的具体策略是什么？通常以文字体现。

（4）衡量（Measures）。明确衡量各个策略成功与否的可量化的标准是什么？通常以具体的数据体现。

（5）行动方案（Tactics）。明确具体的活动或项目，以及完成这些活动将获得哪些竞争优势？通常以具体的数据体现。

5. 五段锦——绩效激励双驱动

绩效管理是对计划的制度保障，能够监督计划执行、迭代计划改进，进而保障目标的达成。激励机制是企业通过激励因素或激励手段的设置，设定游戏规则，来提升企业的引力、托力、拉力和推力。

（1）绩效管理。现代意义的绩效管理，强调沟通、辅导和员工能力的提高，着眼于企业人员的绩效改善，更多地充当教练角色，能协助个人绩效和组织绩效的协同与双赢。

（2）激励机制。是战略目标的支撑工具之一。激励分为公司激励和专项激励，公司激励有股权激励、超额分红、增量提成等，专项激励有研发激励、采购降本激励、提效激励等。

6. 六段锦——课题改善

课题改善是持续改进的一种形式，它通过立项注册、专题实施、结果评估、激励改进等4个环节，实现持续改善的一种项目管理方法，是精益管理在企业推广和全员参与的最有效的手段，主要有9大步骤。

（1）课题选择。辨别课题来源现状与目标的差距，分析问题的重要性和紧急性等维度，进而确定需要选定的课题。

（2）计划拟订。成立跨部门的改善团队，由企业高层或权威专家任课题组长，确定职责分工和制订推进计划，定期召开小组活动，对课题进度进行反馈。

（3）现状调查。按现地、现物、现实等原则开展现场调查，收集分析数据，找出问题症结。

（4）目标设定。遵照一致性原则、量化原则、可行性原则、先进性原则、单一性原则等设定目标，目标应至少达到标准要求、顾客要求和考核指标要求。

（5）原因分析确认。遵循找出问题的所有末端因素原则，对各因素都分析到，并提出具体的对策，可采用的方法有因果图、系统图、5W1H分析法、头脑风暴法等。

（6）制定对策。遵循对每个要因制定对策原则，同时制定的对策要保证最佳性，包含可行性、时效性、成本合理性等要素。

（7）对策实施。遵循彻底性、及时性、防负面性等原则，按照对策表的措施逐条实施并对实施效果进行即时确认。

（8）效果检查。遵循结果一致性、问题根治性等原则，检查课题改善的经济效益、无形效益、意外收获、非预期效果等，并与所设定的目标进行对比分析，做好总结。

⑨巩固措施。课题结束后，应就课题的有效措施纳入标准，以在后续实际工作开展中，进行运行巩固。

7. 七段锦——质询复盘

质询会是一种对计划的跟踪和审核的会议。其以结果为导向，以改进为核心，以开放为环境，以内部客户为基础，聚焦战略，执行计划，确保目标。

复盘。复盘是企业对过去问题、经验等进行总结，以提升能力，实现绩效达成的一种改善方式，是对目标的回顾、结果的评价、原因的分析、规律的总结。

8. 预算保障

预算是对企业战略和年度经营计划的资金规划和保障，由财务部门通过科学合理的预算制定办法，对每个部门的预算进行预估、审核，进而形成企业的年度预算规划。

总之，有效制订年度经营计划，是提高企业管理水平的基础，更是传统型企业走向现代化管理的重要转折点。

四、年度经营计划的3大主要计划

年度经营计划的3大主要计划分别是指营销计划、生产计划和组织发展计划。下面做简单介绍。

1. 营销计划

经过深思熟虑，在头脑中打磨成形之后，要将年度营销计划完美地呈现出来，就要注意以下几点。

（1）年度营销目标。年度营销计划一定要以目标为导向，且是以一年内的目标为导向，要简单直接，公司级的目标最好控制在3~5个。要对总体目标进行销售指标的分解，需分解到区域、产品、客户、人员、时间、板块和部门。

（2）总体营销思路。用最简单的语言，将未来一年的核心营销策略进行概括介绍，抓住问题的本质，力求简单直接。

（3）营销策略展开。要按照年度目标及营销思路的总体部署展开具体的营销策略，策略展开要有重点，不要面面俱到。

（4）营销行动计划。罗列策略中涉及的关键行动，并按照重要次序和时间进行排布。最重要的是，要分析出策略中的关键行为，并设计关键行为。

（5）资源及预算。计划必须有容错能力，并能够在执行的过程中进行调整。要在统一策略的基础上，保持计划的灵活机动。关键行动要有备选方案，核心的关键行动要有两套以上的备选方案。

最后需要强调的是，计划的呈现形式可以统一标准，而计划的内容一定要灵活机动，随时进行调整。

2. 生产计划

生产计划的核心元素如下。

（1）员工生产计划。优化人力资源分配，不仅要根据生产需求合理安排工作时间，确保员工在规定的时间内能完成规定的工作任务，还要制订详细的培训计划，以提高员工的技能和知识水平。此外，为了保证充分支持和激励员工，企业还要关注员工的工作环境和待遇，包括提供必要的设备和工具，以及建立科学的激励机制。此外，还要对员工进行定期的培训和教育，以提高员工的专业素质和技能水平，从而为企业的长期发展提供坚实的人才基础。

（2）材料生产计划。材料生产计划并不是一个简单的清单，而是一个详细的策略，需要考虑到各种因素，如需求、库存、运输和生产能力。在材料生产计划中，首先要确定原材料和零部件的需求量，然后要考虑现有库存量和采购时间。此外，还要规划材料存储和运输的策略，包括确定仓库的位置和容量，以及货物的存放方式。同时，还要制订运输计划，包括选择运输方式和安排运输时间。

（3）资金生产计划。资金生产计划，不仅包括预测和控制成本，还要确保企业有足够的现金流以应对可能遇到的挑战。企业要预测未来的现金流需求，并确保有足够的资金来满足这些需求。此外，还要监控现金流的实际执行情况，以确保企业的现金流能够满足预算和计划的要求。

3. 组织发展计划

组织发展计划的步骤及操作思路如下。

第1步，确定企业下一年度的发展目标

首先，企业要明确未来的发展目标和战略意图。这些目标，要基于企业的战略定位、未来3年的规划。目标的制定除了来源于企业的愿景以及3~5年的战略规划，还要结合市场趋势、竞争对手情况和客户需求等信息来综合考虑，以确保这些目标指标具有可实现性、可衡量性和时限性。

第2步，分析市场环境

在制订发展计划前，要对市场情况进行调研，收集行业动态、竞争对手情况、客户需求等数据和信息，了解市场趋势和竞争格局，为制定具体的策略提供依据。

第3步，制定各条线的发展策略

根据市场调研结果和企业的发展目标，制定相应的产品策略、价格策略、渠道策略和促销策略等。这些策略应与企业的愿景和使命相一致，并能支持企业实现设定的目标。

第4步，制定相应的预算

根据经营策略和目标，编制详细的财务预算，包括收入预算、成本预算、利润预算等。预算应考虑各项成本费用，并预测市场变化对预算的影响。制定预算的过程需要财务部门与相关部门进行合作，以确保预算的合理性和可行性。

第5步，调整组织结构，配备相关人员

根据业务需求和预算，调整组织结构，制订人力资源计划，包括招聘计划、培训计划、绩效管理等内容。确保关键岗位有合适的人选，并提高员工的素质和能力。

需要注意：绩效考核和绩效管理要在老板或总经理的带领下，深度推进自上而下的考核，只有这样，才能让"千斤万担人人挑，人人头上有指标"。

第五章
精益价值流
——一图总揽产品价值实现流程

一、价值和价值流的定义

1. 关于价值

"价值"一词源于古老的法文"valoir",即"值得",就是某种东西被认为是应得的。在业务架构的语境下,要从有用性、利益、收益或愿望的一般意义上来考虑价值,而不是从相对狭窄的会计或财务角度来定义价值。比如,成功交付所请求的产品或服务、及时解决客户的问题,获取最新信息、作出更好的商业决策。

价值是企业所作所为的基础,企业之所以存在,主要原因在于,为一个或多个利益相关者提供价值。它是企业商业模式的基础,描述了企业如何创造、交付和获取价值的基本原理。

2. 价值流

价值流的思想源于丰田公司,其开始运用时并没有名称,之后丰田才称呼它为"物与信息流图"(Material and Information Flow Diagram),并在实践中采用边干边总结的方法来发展。1991年,《改变世界的机器》一书出版,开启了研究和反思丰田的风气。1996年,几位原作者编撰了《精益思想》(Lean Thinking)一书,轮廓性地阐述了精益生产的5大模块,把精益生产推向了全新的高度。

价值流是指,从原材料变为成品并赋予它价值的全部活动,包括从供应商处购买的原材料到达企业,企业进行加工后转变为成品再交付客户的全过程。一个完整的价值流包括增值和非增值活动,如供应链成员间的沟通、物料的运输、生产计划的制订和安排,以及从原材料到产品的物质转换过程等。其核心是,用以客户为中心的价值观来审视企业流程。

3. 价值流设计

价值流设计,基于客户旅程中交互活动的痛点和期待,设计独特的增值活动或服务,创造与传递客户能感知的价值。这些增值活动或服务,一般称为价值流阶段。

(1)价值流设计的原则。

①能响应交互活动,并输出客户可感知到价值的交付物,即一个交互活动不能跨两个价值流阶段。

②有相同交付物(商业结果)的交互活动,可由同一价值流阶段响应,即一个价值流阶段可对应多个交互活动。

③从一个阶段到下一个阶段地创造和增加客户价值,消除客户旅途的痛点,满足期望。

④保证交付物在业务范围内的颗粒度一致。

(2)价值流设计的步骤。价值流设计,一般采用专家头脑风暴模式进行,主要步骤如下。

①沿着客户旅程的每个交互活动,识别客户期待接收的交付物。

②按"交付物"设置增值活动,即通过什么样的活动才能产生这个交付物。

③根据价值流阶段设计原则,整合增值活动,形成价值流阶段。

④定义价值流阶段。

二、何为价值流图

所谓价值流图,就是使用铅笔和纸,用一些简单的符号和流线从头到尾描绘每一个工序状态，工序间的物流、信息流和价值流的状态图，找出需要改善的地方后，再描绘未来状态图，以显示价值流改善的方向和结果。

价值流程图是丰田精益制造生产系统框架下的一种用来描述物流和信息流的形象化工具，其运用精益制造的工具和技术来帮助企业理解和精简生产流程，目的是辨识和减少生产过程中的浪费。对生产的周期时间、启机时间、在制品库存、原材料流动、信息流动等情况进行描摹和记录，不仅可以形象化当前流程的活动状态，还有利于生产流程的指导，使整个生产活动朝着理想化方向发展。

价值流图的内容，主要包括物料流、信息流、价值流、物流和能量流等五大方面。

1. 物料流

顾名思义，物料流是描述生产所用原材料、组件、零件等的流动情况，包括其来源、数量和去向。

（1）物料流的内容。物料流说的是整个过程，包括原材料、外构件、半成品、零件、组件、部件从加工、检验、装配、试验、存储、运输，直到产品出厂的全过程。

（2）物料流的起止。物料流动过程的管理，涉及材料和制成品的运输与存储，始于从供应商装运物料或零部件，终于将制成品或加工产品交付给客户。

（3）物料流的价值。正常来说，物料流在转化成制成品的每一个步骤中都能获得价值。例如，零部件或零散物料在被制造成某种机器或其他制成品后，价值更大。

可见，企业对物料流的管理非常重要，不但影响着产品的质量和交付时间，也直接影响着企业的运营效率和成本。

2. 信息流

信息流是一个广泛的概念，涉及各种形式的信息传递和流动。

信息流有广义和狭义两种定义。

（1）广义的信息流。广义信息流是指，在空间和时间上向同一方向运动过程中的一组信息。它们有共同的信息源和信息的接收者，即是由一个信息源向另一个单位传递的全部信息的集合。这些信息可以在人和人之间、人和机构之间、机构内部以及机构与机构之间进行传递，包括有形流动和无形流动。有形流动，如报表、图纸、书刊等；无形流动，如电信号、声信号、光信号等。

（2）狭义的信息流。所谓狭义信息流，是指信息的传递运动。在现代信息技术研究、发展和应用的条件中，信息交流按照一定要求，通过一定渠道进行。

（3）信息流的重要作用。随着商流、物流与资金流的分离，信息流的作用越来越大，重要程度也不断凸显。

（4）信息流的功能。其功能主要体现在沟通、连接、引导调控、协调有序、辅助决策和经济增值等众多方面。

（5）信息流的范围。信息流既包括商品信息的提供、促销行销、技术支持、售后服务等内容，也包括报价单、付款通知单、商业贸易单证、交易方支付能力、支付信誉、中介信誉等。

3. 价值流

一个完整的价值流，包括增值和非增值活动，比如，供应链成员间的沟通，物料的运输，生产计划的制订和安排，从原材料到产品的物质转换过程等。

价值流包括从供应商处购买的原材料到达企业，企业对其进行加工后转变为成品，然后交付客户的全过程。

在产品制造到出货过程中，企业内部沟通，以及企业与供应商、客户之间的信息沟通形成的信息流，也是价值流的一部分。

4. 物流

企业的物流，是指物品从供应地向接收地的实体流动过程。

（1）物流运营过程。企业根据实际需要，将运输、储存、装卸、搬运、包装、流通加工、配送、信息处理等基本功能实施有机结合起来。

（2）物流的管理。企业的物流管理，涉及物品运输、储存和配送等方面的计划、执行和控制，目的是提高物流效率和降低成本。随着经济全球化和信息技术的快速发展，现代物流已成为一个涉及多个学科和领域的复杂系统。

（3）物流的进步。现代物流不仅关注物品的物理流动，还关注与物流相关的信息流动。信息技术的应用，可以实现物流信息的实时采集、分析和传递，并提高物流过程的透明度和可控性。此外，现代物流还强调对环境的保护和可持续发展，通过采用绿色包装、节能运输等措施，来降低物流活动对环境的影响。

（4）物流的高效和降耗。为了提高物流效率和降低成本，企业需要采取一系列措施，比如，合理规划运输路线、优化仓储布局、提高装卸效率等。同时，企业还要加强与供应商和客户的沟通和协作，实现信息共享和资源整合，以加快物流增效降耗进程。

5. 能量流

企业在生产过程中，能量流主要涉及能量的转换和利用。

（1）能量转换。企业从外部输入的能量，比如，电能、热能或机械能等，用来驱动各种设备或过程。

（2）能量形式。企业从外部引入能量，通过各种物理和化学反应，转换为产品所需的特定能量形式。例如：

①在制造过程中，电能转换为机械能，驱动机械运动或加热。

②热能可以用来熔化原材料或改变其化学结构。

③在植物或动物物质转化为最终产品的过程中，生物质可以被转化和利用。

总之，在生产过程中，能量流涉及从原始输入能量的转换和传递，直到最终以所需形式输出能量。

三、价值流图的图画步骤

通过价值流图，可以发现产品或服务中的瓶颈和浪费，之后及时采取相应的措施，就能对其进行改进和优化。如此，就能提高生产效率、降低制造成本、缩短交货时间，并提高客户满意度。

1. 价值流图绘制的基本要求

管理者绘制价值流图时，为了提高规范性和高效性，要注意以下 5 点要求。

（1）简明性。价值流图应该简洁明了，重点突出，便于理解和分析。

（2）客观性。价值流图应该以数据和事实为基础，客观反映实际情况。

（3）系统性。价值流图应该关注整个价值流的过程，而不仅仅是单个环节或部门。

（4）多用性。价值流图可以用于不同层次的管理层，但重点和内容应该有所不同。

（5）适用性。价值流图是一种管理工具，需要与实际管理结合起来，不断调整和完善。

2. 绘制价值流图的步骤

管理者在绘制价值流图时，需要遵循以下步骤。

（1）明确战略和目标。了解企业的战略和目标，确定绘制价值流图的目的和重点。

（2）确定研究对象。选择一个产品或服务作为研究对象，了解其从原材料到最终产品的整个过程。

（3）收集数据。收集关于研究对象的数据，包括物料流、信息流、价值流、物流和能量流等方面的数据。

（4）绘制现状图。根据收集的数据，绘制现状图，展示研究对象在整个价值流中的情况。

（5）分析现状图。对现状图进行分析，识别瓶颈、浪费和潜在的改进机会。

（6）制订改进计划。根据分析结果，制订改进计划，包括优化流程、降低成本、提高效率等。

（7）绘制未来图。根据改进计划，绘制未来图，展示改进后的价值流情况。

（8）跟踪实施情况。对改进计划的实施情况进行跟踪，并及时调整计划，以确保实现预期的效益。

3. 绘制价值流图的注意事项

在绘制价值流图时，要注意以下几个问题。

（1）熟知产品流程，紧扣主题。绘制价值流图之前，要全面了解产品或服务的流程，包括从原材料的采购到最终产品的交付。全面了解产品或服务的流程，吃透整个流程，识别瓶颈和不必要的环节，从而优化价值流。

（2）突出重点，把握关键。绘制价值流图时，要确定关键的步骤和活动。这些关键步骤和活动，可能对产品或服务的交付时间、成本和质量产生重大影响。关注这些关键点，有助于更好地优化价值流。

（3）识别潜在的改进区域。通过价值流图，可以识别出潜在的改进区域，如造成浪费的环节、导致高成本低产出的步骤等。正确分析和改进这些区域，可以提高整个价值流的效率。

（4）跨部门协作。企业是一个整体，绘制价值流图需要多个部门的协作，包括生产、采购、销售、物流等。因此，各部门之间要顺畅沟通和协作，共同优化价值流。

（5）持续改进。价值流图是一个动态工具，随着企业战略、市场需求和技术的变化，价值流也需要不断优化和改进。因此，要持续关注价值流的变化，并进行相应的调整和改进。

（6）培训和指导。绘制价值流图需要一定的管理技能和专业知识，因此需要对相关人员进行培训和指导，帮助他们更好地理解价值流图，让他们更好地应用这个工具进行优化和改进。

（7）落实客户需求和反馈。绘制价值流图时，要关注客户的需求和反馈，了解客户对产品或服务的期望和要求；然后，根据客户的需求和反馈进行优化，以提高产品或服务的竞争力。

（8）数据信息统一并共享。绘制价值流图时，要确保数据、信息的准确性和一致性，要统一数据来源，避免数据不一致导致的问题。

（9）重视环境和社会责任。优化价值流时，要考虑环境和社会责任，避免对环境造成负面影响，提高竞争力，实现可持续发展。

（10）正确运用信息化工具。绘制价值流图时，要收集和处理大量的数据，因此需要运用信息化工具来提高效率和质量。选择适合企业需求的信息化工具，可以更好地支持价值流图的绘制和分析。

四、价值流与精益生产

1. 精益生产

精益生产是当前工业界最佳的一种生产组织体系和方式。所谓精益生产,是指彻底清除一些无用的要素,以降低成本,产生利益。

实施精益生产,既是决心追求完美的历程,也是追求卓越的过程,是支撑企业生命的一种精神力量,也是在学习过程中获得自我满足的一种境界,其目标是精益求精,尽善尽美,永无止境地追求终极目标。

精益生产的特点是消除一切浪费,追求精益求精和不断改善。去掉生产环节中一切无用的东西,员工及其岗位安排必须增值,撤除一切不增值的岗位。

精益生产的核心是精简,精简产品开发设计、生产、管理中所有无法产生附加值的工作,使产品能以最优品质、最低成本和最高效率对市场需求作出最迅速的响应。

精益思想的五大原则如下。

(1) 价值(Value)。站在客户的立场上识别产品价值。

(2) 价值流(Value Stream)。识别每种产品的价值流。

(3) 流动(Flow)。让价值不间断地流动。

(4) 需求拉动(Demand Pull)。让用户拉动价值。

(5) 完美(Perfect)。永远追求尽善尽美。

价值流在精益推进中的作用主要体现为,从价值流中寻找浪费,消除浪费,持续改善。

2. 精益生产中的价值流管理

价值流是精益生产中的一个核心概念，它描述了产品从原材料到成品，再到交付给客户的过程。

如何进行价值流管理呢？

（1）识别价值流。识别价值流是精益生产的基础，可以区分增值活动与非增值活动。明确增值活动，生产过程中的关键环节就能得到有效管理和优化；识别非增值活动，可以为消除浪费提供方向。

（2）价值流图分析。通过价值流图分析，企业可以直观地了解产品生产过程中的问题，发现潜在的瓶颈、等待和浪费，为消除浪费提供具体方向，为后续的优化提供依据。

（3）消除浪费。精益生产强调消除浪费，以提高效率和效益。浪费可能存在于库存、运输、等待和过度处理等多个环节，要想消除浪费，关键在于发现并消除非增值活动，提高增值活动的效率。

（4）流动与拉动。流动与拉动的理念是实现连续生产和按需生产。流动是指，建立稳定、高效的物料流，降低库存，实现快速响应。拉动则是，根据实际需求调整生产，避免过量生产和库存积压。

（5）持续改进。通过持续改进，企业就能不断优化生产过程，提高效率、降低成本，并适应不断变化的市场环境，提高竞争力。

（6）跨部门协同。精益生产注重跨部门协同，打破部门壁垒，提高整体效率。加强部门间的沟通与合作，可以更好地整合资源、优化流程，实现整体效益最大化。

（7）信息化支持。引入先进的生产管理系统和工具，可以实时监控生产过程、优化资源配置，提高决策效率和准确性。同时，也有助于知识管理和流程标准化。

（8）人才培养与意识的提高。通过培训和教育，提高员工对精益理念的认识和执行力，使其在日常工作中自觉践行精益原则。同时，培养一支掌握精益工具和方法的专业团队，来为企业持续改进提供人才保障。

五、提高价值流的准则

想提高价值流，要坚持以下几个准则。

准则1，按客户节拍生产

节拍时间（Takt Time），是指应该用多长时间，即几分几秒生产一个或一件产品的目标时间值。

节拍时间是基于客户要求的生产节奏，用每班可用的工作时间（以秒计），除以客户的需求量来计算。

节拍时间被用来协调生产与销售的步调。节拍时间是一个参考数据，可以让我们明白每一个生产工序应该遵守的速率，掌握现况，并提出改进的方向。

在实际生产中，很多企业是无法实现完全按照节拍时间进行生产的，因为按照节拍时间进行生产，对企业的生产管理能力要求甚高。

准则2，尽可能地实现连续流动

连续流是效率最高的一种生产方式，要尽可能地采用这种方式。

连续流是指，每生产出一件产品，从一道工序传到下一道工序，中间没有停顿。

准则3，在无法实现连续流动的地方采用拉动管理

价值流中往往有一些工序不可能实施连续流，必须用批量方式。具体原因有：工序周期时间过长或过短，或需要换模来生产不同的产品；工厂距离远，每次运输一小批不现实，如外协加工的零件；配件生产周期长或

生产不稳定,无法与其他工序相连形成一个连续流。

准则4,努力使得客户的订单只发到一个过程

努力使得客户的订单只发到一个过程,即保证信息的一致性。

准则5,在价值流启动过程中按时间均匀分配多品种产品的生产

在价值流启动过程中,要按时间均匀分配多品种产品的生产,实行均衡生产。

所谓均衡生产,就是将要生产的产品的种类和数量从总体上进行平均化。如何实施均衡生产呢?

(1)实行标准作业。所谓标准作业,就是以较少的工时生产出优质的产品,是将作业人员、作业顺序、工序设备布置、物流过程等要素作最适当的组合,以达到生产目标。标准作业有三个要素:①确定节拍时间,即为了完成生产计划数量,必须保持的生产速度;②确定作业顺序,即标准作业循环中的手动作业顺序;③确定标准在制品(WIP),即维持正常作业所必需的、最小限度的在制品数量。

(2)改善生产线平衡。经过了作业细分后,各工序、各车间的生产能力在理论上、现实中都不完全相同,工序间会出现作业负荷不均、生产能力不均等现象。而生产线不平衡会造成这样一些问题:一是停工待料;二是大量的在制品堆积。生产线平衡就是对生产的全部工序进行平均化、均衡化,以调整各工序或工位的作业负荷,使各工序的作业时间尽可能地相近或相等,最终消除各种浪费现象,从而达到生产效率最大化。

(3)依产能资料设定生产计划。简单地说,就是做产能动态分析。从众多产品种类中,选定代表性产品,然后测定其作业时间,确定产品工时标准;根据标准工时资料,进行产能动态分析。

(4)发挥生产调度职能。生产调度的基本任务是以生产计划为依据,科学、均衡地组织生产,并及时发现、协调和处理生产活动中出现的问

题，以确保生产计划的全面完成。

准则6，在价值流启动过程中，通过启动一个单位的工作来实现初始拉动

这个拉动的"动力源"一定要来自客户。精益的理念是"卖掉一件，生产一件"，如果没有客户订单，就什么都不要生产。

准则7，在价值流启动过程中，上游工序形成每天能够制造各种零件的能力

多品种、小批量的混流均衡生产，上游过程通过减少换型时间和生产批量来提高对下游过程变化的反应速度，就能尽可能地减小库存的在制品。

第六章
量本利模型应用
——掌握盈亏平衡点，明确利润增长点

一、什么是量本利分析法

量本利分析法（CVP）是管理会计的一项基本管理工具，能比较准确地揭示成本、业务量和利润之间的数量关系，为管理者的经营决策以及成本管控等提供理论依据和技术支撑，从而减少决策的随意性和盲目性、降低企业经营风险，并提高企业经营利润。

量本利分析的对象是企业的收入、成本和利润，具体方法是：把收入分解为单价与销量，按成本习性把成本分为固定成本和变动成本，并研究单价、销量、固定成本、变动成本与利润之间的变化规律，来分析利润最大化的方案，从而找到利润改善的最佳途径，以便企业做出最优选择。

量本利分析看似简单，实则蕴含丰富的经营管理的原理，有助于企业更好进行投资决策、经营预测、经营计划、管理控制等。

基本公式为：

利润＝收入－成本＝销量×单价－（销量×单位变动成本＋固定成本）

可以表述为：

利润＝销量×（单价－单位变动成本）－固定成本

通过这个公式可以发现，企业不仅可以通过提高产品单价或提高销售数量来提高利润，也可以通过降低单位产品的变动成本来提高利润，还可以通过降低固定成本来提高利润，当利润为零时，企业处于盈亏平衡点。

公式表述为：

固定成本＝销量×（单价－单位变动成本）

盈亏平衡点的销量＝固定成本/（单价－单位变动成本）

单位边际贡献表示，每增加一个单位的销售，给企业新增加的利润贡献。

公式表述为：

单位边际贡献＝单价－单位变动成本

边际贡献总额＝单位边际贡献 × 销量

边际贡献总额也称为贡献毛益，先要弥补企业的固定成本，剩余的部分则形成企业的经营利润，

公式表述为：利润＝单位边际贡献 × 销量－固定成本

提高单位产品的边际贡献或者提高销量，或者降低固定成本都可以提高利润，当利润为零时，也就是企业处于保本状态时，

公式表述为：

固定成本＝单位边际贡献 × 销量

因此，

盈亏平衡点的销量＝固定成本/单位边际贡献

固定成本越低，保本点的销量要求就越低；单位边际贡献越高，保本点的销量要求就越低。

二、量本利分析法的主要用途

量本利分析既可用于生产单一产品的企业，又可用于生产多种产品的企业。对于开发新产品的试制和批量生产均能提供有用的财务信息，其主要用途如下。

1.在给定售价、固定成本和产品的变动成本条件下，企业可以确定销

售多少件产品可以达到损益平衡点（保本点）。

2. 为达到一定时期的目标利润确定所需的销售水平。

3. 在预计销售量、售价、变动成本和固定成本已定的情况下，可测算出保本点和预期利润，从而可评价企业的经营安全程度。

4. 在销售量、成本和目标利润已定的条件下，确定产品的售价。

5. 在销售量、售价和目标利润已定的条件下，可为降低变动成本和固定成本提供一定的途径。

6. 在生产、销售和定价等方面，可以广泛应用边际贡献的观点进行决策。

三、量本利公式及原理

1. 单一产品量本利

有几个基本公式必须熟知：

（1）利润 = 收入 – 变动成本 – 固定成本 = 销量 × （单价 – 单位变动成本） – 固定成本

（2）单位边际贡献 = 单价 – 单位变动成本

边际贡献 = 收入 – 变动成本

（3）变动成本率 = 单位变动成本 / 单价 = 变动成本 / 收入

边际贡献率 = 单位边际贡献 / 单价 = 边际贡献 / 收入

变动成本率 + 边际贡献率 = 1

2. 单一产品保本、安全边际分析

（1）保本量 = 固定成本 / （单价 – 单位变动成本）

保本额 = 单价 × 保本量 = 固定成本 / 边际贡献率

（2）安全边际量 = 实际销量 – 保本量

安全边际额 = 收入 – 保本额

（3）保本点作业率 = 保本量 / 实际销量 = 保本额 / 收入

安全边际率 = 安全边际量 / 实际销量 = 安全边际额 / 收入

保本点作业率 + 安全边际率 =1

提醒：安全边际率 <10% 时，则企业较危险。

3. 多产品量本利分析

（1）加权平均法

【核心】综合保本额 = 固定成本总额 / 加权平均边际贡献率

【说明】（分母）加权平均边际贡献率是个加权平均数，以各产品的边际贡献率为基础，以收入占比为权数，先乘后加。各产品的保本额 = 综合保本额 × 各产品的收入占比。

（2）联合单位法

【核心】联合单位保本量 = 固定成本总额 /（联合单位单价 – 联合单位变动成本）

【说明】找出联合单位——按照销量最小比值。

（3）分算法

【核心】各产品保本量 = 分配的固定成本 /（单价 – 单位变动成本）

【说明】固定成本总额按照各产品的边际贡献占比进行分配。

边际贡献占比≠边际贡献率

（4）顺序法

【核心】利润 = 边际贡献 – 固定成本（边际贡献刚好弥补固定成本，企业保本）

【说明】①将各产品按照边际贡献率的大小排序（乐观：从大到小，悲观：从小到大）；②按照顺序用各产品的边际贡献，弥补固定成本什么时候刚好为 0，就保本了。

四、单一产品的量本利分析

1. 方程式法

所谓方程式法，就是将量本利之间的依存关系用方程式表示，并利用方程式在其他因素已知的条件下，求出某一未知因素的数值。

由于：销售额 – 总成本 = 利润

因此，销售额 = 总成本 + 利润

或：销售额 =（固定成本 + 变动成本）+ 利润

2. 边际贡献法

边际贡献又称边际利润，是管理会计和量本利分析中的重要概念，指产品销售收入与变动成本的差额。

变动成本是，总发生额在相关范围内随着业务量变动而线性变动的成本，通常包括直接人工、直接材料、变动制造费用、变动管理费用、变动销售费用等。

边际贡献反映的实质，就是产品帮助企业盈利能力的大小。只有产品销售量达到一定规模，其所获得的边际贡献才能弥补发生的固定成本，为企业盈利做出贡献。

3. 求销售额

具体公式为：

达到损益平衡点的销售额 = 固定成本总额 /（1 – 单位产品变动成本 / 单位产品销售价格）

达到目标利润的销售额 =（固定成本总额 + 目标利润）/（1 – 单位产品

变动成本/单位产品销售价格）

说明：（1-单位产品变动成本/单位产品销售价格），就是边际贡献率。

4. 经营安全率的概念和计算方法

具体公式为：

经营安全量＝现有销售量 - 损益平衡点销售量

经营安全率＝经营安全量/预计销售额×100%

说明：经营安全率用于表示企业的经营安全程度。经营安全率越大，企业经营风险就越小。

5. 损益平衡点作业率的概念和计算方法

损益平衡点作业率，表示企业的生产能力利用到什么程度，就可以达到损益平衡。其计算公式为：

损益平衡点作业率＝损益平衡点销售量/企业正常工作的销售量×100%

说明：损益平衡点作业率越低，企业生产经营的潜力就越大，获利能力越强。

通过这两个指标，可以对生产经营状况有一个概括了解。

第七章
供应链数据规划
——目视化管理数据资产，实现数据增值

一、何为供应链管理及供应链数据化规划？

1. 何为供应链管理

供应链是指从原材料采购到产品销售的整个流程，包括物流、生产、采购、销售等各个环节。在现代企业中，供应链管理已成为一个非常重要的环节。优化供应链管理，企业就可以实现各种目标，如降低成本、提高效率、提高客户满意度等。

供应链管理是公司运营的核心，涉及从原材料采购到最终生成产品的每个过程，涵盖了从产品开发到生产和物流的方方面面。

（1）供应链管理的关键目标。

①提高效率。简化运营并消除浪费，包括提高库存水平、缩短交货时间和提高流程速度。例如，服装零售商可能会利用供应链管理软件来准确预测需求，以减少过剩库存和持有成本。

②提高客户满意度。确保在正确的时间将正确的产品交付到正确的地点。例如，电子商务公司可以利用先进的跟踪和物流协调技术，为客户提供产品交付的实时更新数据，并确保及时准确地交付。

③提高盈利能力。提高效率和客户满意度，就能提高公司的盈利能力。例如，公司采用精益管理，减少浪费和运营成本，就能提高产品质量和客户满意度，从而提高盈利能力。

④提高风险管理能力。供应链管理可以识别潜在风险，并采取有关策略缓解这些风险。管理供应链风险包括监控供应商绩效、维护质量控制检查，以及为不可预见的中断制订应急计划。

⑤可持续发展和社会责任。供应链管理专注于实施环保实践和促进社会责任，该目标可能涉及对供应商可持续性的考核，最大限度地减少浪费和能源消耗，可以确保整个供应链的公平劳动实践。

（2）供应链管理的优势。

①节省成本。供应链管理能够准确预测公司的需求，使其不会在库存上超支，从而改善公司现金流，并减少仓库中产品的资金，减少生产、运输和库存成本。此外，采用更高效的流程，企业还可以提高生产力，降低劳动力成本。

②优化客户体验。随着供应链的优化，企业可以找到更快、更省钱地运送产品的方法，为用户节省成本。提高数据的透明度，客户就能随时跟踪他们的订单状态。

③更强大的供应链。采用供应链管理，公司可以了解整个价值链，并与所有利益相关者共享信息。

④更高的可持续性。优化采购和制造的供应链，可以减少浪费。掌握供应链的可持续性，就会制造和运输更少的不必要物品。

⑤创造竞争优势。供应链管理的最终目标是为公司提供明显的竞争优势，使组织与竞争对手区分开来。无论是更低的价格、卓越的客户体验、更具弹性的供应链，还是上述所有方面，一旦企业在顶部或附近获得位置，就会获得市场份额并实现盈利增长。

2. 供应链数据化规划

（1）供应链数字化的意义。供应链数字化，不仅可以提高效率和生产力，还可以增强企业在复杂市场环境中的竞争力。

①提高效率。供应链数字化，可以让许多流程自动化，如订单处理、库存管理、物流跟踪等，从而减少人工错误，节省时间，提高整体运营效率。

②增强透明度。实时数据和先进的分析工具,可以提供供应链各环节的深入洞察,使企业更好地预测需求,优化库存,降低运营成本。

③强化协作。数字化赋能供应链,供应商、制造商、分销商和客户之间的信息流动会更加顺畅,从而促进跨组织合作,并提高适应市场变化的能力。

④降低风险。实时监控供应链,就能及时发现潜在问题,通过数据分析预警并预防供应链中断,能减少损失。

⑤推动创新。数字化为采用新兴技术,如AI、大数据分析、物联网等提供了平台,这些新技术能带来新的商业模式和产品服务。

⑥改善客户服务。更快的交货时间、定制化选项以及无缝购物体验,都能提高客户满意度,增强品牌忠诚度。

⑦支持可持续发展。通过数字化实现绿色供应链管理,如优化资源使用、减少废弃物和碳排放,以符合环保要求,同时降低成本。

总之,供应链的数字化转型是企业适应快速变化的市场环境、抓住新商业机会并保持竞争优势的关键,它涉及整个企业的战略变革,需要技术应用、组织文化和人才培养等多方面协同推进。

(2)供应链数字化。在供应链数字化的过程中,企业可以采用先进的技术手段,如物联网、大数据分析、云计算、人工智能等,对供应链上的各环节进行数字化转型,以提高供应链的透明度和可视化程度,实现信息共享、数据分析、风险管理等目标,并帮助企业实现供应链高效管理,降低库存成本、缩短生产周期、提高物流效率、优化采购流程、增强客户满意度等。

以零售企业为例,供应链数字化可以被应用于以下方面。

①采购环节。在采购环节中,企业可以通过数字化手段提高采购效率和质量。例如,引入供应链管理软件,对采购过程进行自动化管理和优化。通过供应链管理软件,实现对采购计划的自动化生成和调整,以及对

供应商的自动化选择和管理。通过对采购数据进行分析和挖掘,优化采购决策和方案。

②生产环节。在生产环节中,通过数字化手段能提高生产效率和质量。例如,引入智能制造技术,实现对生产流程的自动化管理和优化;通过智能制造技术,实现对生产计划的自动化生成和调整,以及对生产过程的自动化监控和调整。

③物流环节。在物流环节中,通过数字化手段能提高物流效率和客户满意度。例如,引入物流管理软件,可以实现对物流路径的自动化规划和调整,以及对物流信息的实时监控和管理。

④销售环节。在销售环节中,通过数字化手段能提高销售额和客户满意度。例如,引入销售管理软件,实现对销售渠道的自动化选择和管理,以及对销售数据的自动化分析和调整。

二、数据分析在供应链管理中的作用

随着先进分析工具和技术的出现,企业现在可以收集、处理和分析供应链中各种来源的大量数据,然后将这些信息用于识别模式、趋势和改进机会,从而实现更好的决策,并提高绩效。麦肯锡的一项研究发现,在供应链运营中使用先进分析的企业可以将总体成本降低15%,同时将服务水平提高20%。这些令人印象深刻的结果证明了数据驱动决策在优化供应链绩效方面的潜力。

1. 降低成本

降低成本是多数企业的首要目标,而供应链优化在实现这一目标方面发挥着至关重要的作用。通过数据分析,企业可以识别效率低下和浪费的领域，并在之后采取纠正措施，简化运营。

例如，沃尔玛使用数据分析来跟踪整个供应链中产品的流动，并建立了一个数据驱动的需求预测系统。该需求预测系统，可以利用大量的历史销售数据、市场趋势和外部因素来准确预测未来需求。通过分析这些数据，沃尔玛可以在库存水平、采购计划和物流方面做出明智的决定，从而减少了缺货和积压情况，大大节省了成本。

沃尔玛需求预测系统的关键组成部分包括以下方面：

销售点数据。沃尔玛从门店收集实时销售数据，能够监控产品性能并识别趋势。这些数据为客户购买模式提供了有价值的见解，能够更准确地预测需求。

市场研究。沃尔玛将市场研究数据，如行业报告和消费者调查，纳入了需求预测模型，使其可以了解更广泛的市场趋势，并预测客户偏好的变化。

外部因素。沃尔玛考虑了可能影响需求的各种外部因素，如天气状况、假期和经济指标，并将这些因素纳入预测模型，来提高库存水平和促销活动。

协同计划、预测和补货。沃尔玛通过 CPFR 计划与供应商密切合作，与供应商共享销售数据、预测和库存信息，在整个供应链中实现了更好的协作和更准确的需求预测。

2. 增加弹性

弹性是指供应链适应和应对市场条件变化的能力，比如，需求波动或供应中断时，能快速进行调整并适应新的要求。通过数据分析，企业就能深入了解潜在风险和漏洞，制订应急计划并建立抵御能力，从而增强供应链弹性。

一个值得注意的例子是苹果在 2021~2022 年对全球芯片短缺的反应。通过数据分析，苹果识别出了供应链中的潜在瓶颈，并寻找替代供应商，重新设计其部分产品以使用不同的组件，减轻了短缺对其运营的影响。同时，通过评估供应商的绩效、能力和风险因素，苹果可以更好地决定与哪些供应商合作以及如何在他们之间分配订单。这样，就减少了对单一供应商的依赖，增加了供应链的弹性。

另外，UPS通过预测分析给自己提供了弹性和灵活性。UPS每天处理的包裹量约为2500个，跟踪每个包裹在运输网络中的实时状态会产生上亿个数据点。为了更好地处理数据，UPS创建了协调企业分析工具（HEAT）。这是一个建立在谷歌云上的商业智能平台，每天可运行超过10亿个数据点，不仅能捕获和分析客户数据、运营数据和规划数据，还能利用预测分析、机器学习等来支持需求预测、可见性报告、运营优化，使UPS的配送网络更具弹性和灵活性。

3. 促进可持续发展

数据分析可以通过确定需要改进的领域和衡量各种举措的影响，来推动可持续供应链实践。

例如，联合利华利用数据分析来优化其运输和物流运营。货物运输是供应链管理的一个重要方面，物流和配送所产生的排放约占联合利华温室气体排放总量的15%，提高物流效率和减少行驶公里数是联合利华物流脱碳策略的核心。通过数据分析，联合利华可以整合货运，优化路线规划，减少空载里程，降低运输成本，并提高交付性能。

三、供应链数据规划

1. 制定数字化供应链的战略

数字化供应链战略，主要包括以下四方面的内容。

（1）确定目标与需求。数字化供应链的需求分析报告，是企业在数字化转型过程中的一个纲领性文件，需求分析并不是由某个部门来制定的，需要部门配合第三方拟定，是企业高层在高度认同后形成的企业的正式文件。企业着手开展数字化供应链转型，首先要明确需求分析报告，要列清需求，瞄准标准，夯实基础，优化流程，保持水准。这里的保持水准是指，开展数字化供应链建设不要将水准定太低。

（2）搭建数字化平台。要在战略上定位数字化供应链管理的平台建设总体要求，以及行业中的定位水准。做企业数字化建设，企业的数字化应用的水准定位，不要单纯地拷贝某个企业的数字化转型的战略规划，应该按照企业的实际情况制订规划，要根据公司的财力、人力、物力，以及战略定位的时间表，编制规划，优化路径，分步实施。

（3）建立数字化生态环境标准。数字化供应链不能仅仅将眼光放在内部。建立数字化生态环境标准应该着眼于内和外，以达到整合企业内外资源的目的，要构建全生命周期的数字化供应链的生态系统，来提高供应链的透明度、可视性和协作效率。

（4）做好风险防范控制。做数字化供应链，一个重要目的是对风险进行防范。如何进行风险防范？要建立一个完善的供应链防范预警机制，进行供应商的审核、合同管理、合规管理、合约管理和质量管理等基础工作的管理。

2.数字化基础设施建设

要想做好数字化基础设施建设，就要做到以下几点。

（1）建立技术基础设施。包括互联网、云计算、物联网、大数据、人工智能等，安全防火墙，以及必需必要的技术设施，以确保系统的安全性和可靠性。

（2）建立数据中心。建立数据中心，就能对数据进行更好的收集、过滤、存储、备份和恢复，从而保证供应链的数据安全性、稳定性。制订规划，分步实施。这个过程不是一蹴而就的，需要长期努力。

（3）做好数据质量管理。数据质量管理指的是建立数据质量管理体系，包括数据收集、数据的同步传输频率、数据整合、清洗，以及标准化等环节的质量控制等，以提高供应链数据的准确度和可信性。

（4）优化数据安全管理。要建立信息安全体系，包括网络安全、数据安全、应用体系安全等安全防范，来保证数字化供应链的安全和可靠性。

（5）数字化技术优化与迭代机制。数字化应用技术日新月异，要不断吸收消化新技术，不断迭代数字化应用技术，包括观念的迭代、技术的迭代、算力的迭代、功能的迭代、规则的迭代。

3. 数据共享平台建设

建立一个能达成共识的数据规则和标准化数据格式，不同的数据之间就能畅通交互，并提供数据安全和隐私保护。这里分4个方面来阐述。

（1）标准化。即标准化的产品命名规则、标准化的数据格式、标准化的结算收付体系等，是行业必须形成共识的。如果只有一家，没人进行呼应，就不叫标准化。在行业的链路中，战略合作伙伴之间有一个标准化体系，就能够把基础的数据进行无缝衔接。制定数据共享标准，就能实现数字化供应链数据的互联互通，制定数据的共享标准，包括数据格式、数据内容、数据接口等信息。

（2）数据平台建立。平台的建设需要建立数字化供应链数据共享平台，以实现数据的共享，包括数据的采集、存储、管理、共享等功能，同时能够提供数据的分析，挖掘有利用价值的信息，以帮助企业优化供应链管理。

（3）提高安全可靠性。为了保护数字化供应链的数据安全和隐私，要建立数据共享权限管理体系。这个体系不能只限于内部，要建立一个链路间企业达成共识的共享体系。

（4）数据共享的流程优化。在共享过程中，会遇到很多问题，要及时优化。

四、供应链管理法则"降本增效"25条

供应链管理法则"降本增效"25条如下。

1. 供应链是以客户需求为导向，以提高质量和效率为目标，以整合资源为手段，来实现产品设计、采购、生产、销售、服务的全过程高效协同的组织形态。供应链不是单纯的生产运营供求链条，而是上通产品创新，下接用户市场变化，前承企业战略，后启可持续发展的关键能力。

2. 供应链管理需要全局观和战略视角。在制定供应链战略和架构之前，企业必须理解其产品供需特征和战略定位，特别是不同产品线中的供需特征差异，才能对症下药。

3. 新竞争常态下，供应链运行规则正朝着客户需求而改变，供应链从内部生产导向正转向外部客户需求导向，基于数字化技术支持的协同开放，以高速、低耗的方式完成调整，以更加敏捷、柔性的一体化供给满足客户。

4. 在供应链领域，我们面临的都是些老问题。比如：高库存，低周转；应收账款难，应付账款拖；成本做不低，速度做不快；客户要的我们没有，我们有的客户不要。这些老问题根深蒂固、日复一日，为什么一直得不到解决呢？不是因为我们的能力没提高，也不是因为我们的努力程度不够，而是因为我们路径依赖，解决问题的思路错了，需要方法论的范式转移。

5.供应链以客户为导向,对内跨部门协同抓核心矛盾、抓有效产出,进行战略和目标达成共识并聚焦行动,而非面面俱到。

6.供应链管理注重什么指标。供应链主要看3个维度:客户需求、库存存量和供应。在这条"供需平衡链"上,重点要抓好两对指标的平衡:质量与成本、交期与库存。这两对指标不能对立化,要同步优化。

7.VUCA(动荡、无常、复杂、模糊)时代,需求管理非常重要。需求信息向供应商开放,表面是利他,其实是利己。

8.公司明年业绩要增长一倍,供应链的"协同点"和"瓶颈点"是什么?什么会成为我们的制约要素?优先聚焦攻克哪个点?

9.信息不对称是造成供应链不确定的两大因素之一。供应链伙伴不愿共享信息(关系问题),或愿意但没有基本的IT工具来共享信息(连接问题),就会造成信息不对称问题。

10.关注并提高商品周转率和动销率。商品周转率越高,商品给公司带来的利润就越高;商品动销率越高,滞销产品就越少。一个关注商品价值变化,一个关注存放价值变化。

商品周转率=月度售出商品的成本/月度平均库存总值×100%

商品动销率=动销品种数/仓库总品种数×100%

11.时刻谨记:复杂度是供应链管理的天敌。技术、研发的同事尤其要记得。

12.作为供应链管理者,除了低头拉车,更要学会抬头看路,至少要拿出20%的时间与资源,主动与客户连接,主动与客户沟通,主动与客户联合改善。

13.敏捷供应链,需要建立整条供应链条上的成本模型。而要做成本节约,最好是一条供应链一起走,链上的所有部门甚至所有企业都协同降本。除了自己内部,客户、供应商都要参与起来,才能降低整体成本。

14. 建立跨部门协同，除了要以客户需求为指挥棒，还要站在客户的角度重新梳理各部门的客户价值，即各部门存在，为客户提供的价值和贡献到底是什么。

15. 在各部门梳理客户价值后，应加强部门间的横向沟通。尤其是采购、生产、技术之间，更要定期交流。

16. 采购≠供应链，但采购在供应链中真的很重要！生产型企业，收入的 60% 以上是由采购支出的。

17. 很多人认为采购很容易。非也！企业采购是以各种方法优选获取外部资源，满足企业经营与战略需要的行为。采购，除了购买这一种常见方式外，还包括借用、租赁、联营、外包、置换、投资、赞助等多种方式。

18. 采购是可以创造和产生利润来源的动力点。采购省下的都是净利润，采购成本每降低 1%，企业的利润率将增长 5%~10%。而且，只要提高内部管理，就可以实现这个增长。

19. 采购人员用心地、专业地谈一个单子，可以省下全年的工资。目前很多采购人员的薪资占到采购成本的比例小到可以忽略不计，因此对采购人员的投入，回报比可能是最高的。

20. 企业老总要向销售要收入，更要向采购要利润，向采购要供应链竞争优势。因此，应把采购职能从保证供应升级到成本管控中心，再从成本管控中心升级到利润中心。

21. 选择供应商、评价供应商时，指标与权重如何设定？站在供应链管理的高度，答案就是，客户如何选择我们，客户如何评价我们，我们就如何选择、评价供应商。如果客户选择我们的指标和权重是：质量占 50%、成本占 30%、交期占 20%，那我们选供应商时，也得是质量占 50%、成本占 30%、交期占 20%。

22. 安全库存，是用来应对不确定性的。但库存意味着成本，供应商的成本总会以各种方式转嫁给客户，从而造成生产商总体供应链成本的高昂和浪费。

23. 要重视供应商关系建设，做好供应商协同，这是企业竞争力的组成部分。

24. 为了提高采购供应链人员的工作价值和效率，可以使用工作优化矩阵，来高效地做高价值的事。

25. 将采购部门近期的所有工作、所花时间全部记录下来，并邀请上级一起来确定各项工作价值的高低。

将工作事项分别填入价值高—时间少、价值高—时间多、价值低—时间少、价值低—时间多等四个象限：

价值高—时间少象限的工作事项，尽量多做；

价值高—时间多象限的工作事项，坚持做；

价值低—时间少象限的工作事项，少做或授权做；

价值低—时间多象限的工作事项，不做。

五、大数据分析在供应链与规划中的应用

随着科技的进步和经济的高速发展，大数据已对生产经营、生活消费产生了巨大影响。我们所处的供应链中，也会产生大量数据，这些数据在被采集和系统分析后，会对供应链管理提供直接的帮助。

电子商务巨头亚马逊利用大数据来更好地满足客户需求。通过分析客户最近购买的商品、购物车中的商品以及客户搜索的产品，亚马逊就能向客户提供个性化的购买建议，从而产生更多收入。

2019年，亚马逊推出一日达服务，向"比竞争对手更快地将订单交付给客户"这一目标又向前迈进了一步。亚马逊与制造商合作利用大数据技术跟踪库存，选择最接近供应商和客户的仓库，以此降低了10%~40%的成本。

大数据本质上是指，大量结构化和非结构化的数据，通过算法处理来了解客户需求，从而做出更好的决策。

1. 构建数据供应链的步骤

要想构建数据供应链，可以采取以下步骤。

（1）搭建数据服务平台。创建数据供应链，首先要选择一个数据服务平台，以帮助企业在需要时轻松访问各种来源的数据。通过这个数据平台，用户可以直接访问数据池。数据平台可以从供应商处购买，可以是单一的数据平台，也可以是各个厂商提供的各种平台的组合。

（2）通过供应链加速数据。过去，企业会区分经常使用的信息和不太相关的数据。相关性高的数据存储在高性能系统中，相关性低的数据存储在性能缓慢的系统中。但现在，企业可以通过提高数据的处理速度，从数据中获取更多知识。

（3）推进数据发现。有了数据发现工具，在企业开始质疑之前，就已经预见到了自己的问题。

（4）实现数据价值。企业可以更好地理解数据并从中获取知识，根据数据做出决策。为了增加数据的价值，可以与企业的供应商、合作伙伴和客户共享。

（5）做好认知计算。数据供应链提供了一个长期的解决方案。在旧方法中，可以为特定任务或单个业务案例找到解决方案。但是通过机器学习系统，可以从数据中获得更多的知识作为经验，存储起来，供以后遇到同样的情况时使用。

2. 构建更好的数据供应链

为了最大限度地发挥数据的潜力，供应链领导者应该遵循这些简单的步骤。

（1）使用准确的实时数据。供应网络具有数据一致性，缺乏数据一致性是大多数公司面临的主要问题，而获得准确数据的一种重要方法是分析 MRP 数据进入企业的时间。企业可以使用数据采集和验证工作流程来查找系统中不完整的记录；还可以进行频繁的审计，找出数据中的错误。数据移动技术有助于增强实时数据，并将其与供应网络集成。

（2）消除不必要的数据和流程。在供应链过程中，不完整和不必要的数据会浪费时间，为了检查数据进行三向匹配，公司应该设定一个独立的 AP 自动化解决方案，以便于企业中分割不必要的数据，并定期分割有价值的数据。数据更加一致和可靠，就能做出更好的决策。

（3）集中数据解决方案。数据供应链的主要挑战是，信息量每天都在增加。事实上，更多的数据并不意味着更好的数据，企业必须找到方法组合来自各种来源和大量供应商的数据。

第八章
均衡生产提效
——生产削峰填谷，减少资源投入

一、均衡化生产的概念

所谓均衡化生产，是指在完成计划的前提下，产品的实物产量或工作量或工作项目，在相等的时间内完成的数量基本相等或稳定递增。

均衡生产是拉动式生产的前提。这里的均衡，不仅是数量，还包括品种、工时、设备负荷的全部均衡。设备、工装始终处于良好状态，材料、毛坯供应准时，工人技术水平和出勤率良好、稳定等都是实现均衡生产的前提。

企业只有满足市场的多品种、小批量、短交期需求，才能获胜。如今，如何应对"交期波动"及"多品种少量生产"，已成为决定成本的重要因素。在具体实践中，为了消除生产上的波动，要将所有的生产项目均衡化。跟各工序单独的效率相比，整体效率更加重要。

不要利用产品库存来应对客户需求，而要在公司内部彻底推行均衡化生产，消除浪费，降低损失，缩短制造周期，构建灵活的生产线。

均衡化生产的5个阶段分别是：

均衡化生产阶段1：均衡化（日）

实施时，要从最后一道工序开始，每天生产的种类和数量都要基本相同。其中，最容易遇到的问题是准备工作所需要的时间过长，为了准备工作而将生产线停下来，需要付出很大的代价。因此，要尽可能地缩短作业前的准备时间。在没有改善之前，可以通过加班来应对，一旦得到改善，因加班而产生的成本就下降了。因此，实施阶段的工作重点就是准备工作的改善。

第八章 均衡生产提效——生产削峰填谷，减少资源投入

均衡化生产阶段2：均衡化（时）

切实实施平均化生产后，就要将一天中的生产进行细分，即这里所说的均衡化。实际上就是把按日均衡的量和品种更加精确到按小时均衡。按小时均衡要认真考虑循环的时间和次数。

所谓循环，指的是相同的产品（以型号为准）在一天内被拿到出货区的次数。一般分为：4次循环（每2h）、8次循环（每1h）、16次循环（每30min）三种。

均衡化生产阶段3：单个循环（个）

将一天中某个时段要生产的产品平均分成相同的数量，缩短循环时间，增加循环次数，即多循环化。

在多循环化的对象产品中，产量最小的产品是以"1"为单位的。随着周期缩短、次数增加，前工序的半成品库存（完成品货区）将以信赖关系为基础，减少为原来的1/2、1/4、1/8、1/16。前工序参看完成品货区的状态，按照产品被拿走的顺序，只生产被拿走的数量。

均衡化生产阶段4：时间限制

该阶段应有的姿态是，无论是哪种产品，都有其应该被制造出来的时限。也就是说，各产品按照其销售时限进行制造，产品的品质就决定了成本。

按照响应时间生产零件和产品，在重复生产中，相同的产品不连续生产两个以上，就能减少库存、设备和人员，缩短制造周期，满足客户多样化、多元化需求。

均衡化生产阶段5：均衡拉动

均衡拉动是均衡化生产的最高形式。产品在生产节拍内以1为单位进行生产，相同的产品每次生产的数量控制在1个。各工序像被链条连接起来一样进行无终端生产，生产线可以最短的生产周期、最少的库存来灵活应对客户的多样化需求。

二、均衡生产的要素和原则

所谓均衡生产，就是应用需求预测、拉动系统、均衡订单等方法，平抑市场需求波动，最大限度地优化利用制造资源，消除市场与制造之间的矛盾，有效满足市场需求。

1. 均衡生产的要素

建立均衡生产体系，共涉及3个相互关联的要素：需求预测、拉动系统和均衡订单。

（1）建立良好的需求预测机制。将市场调研、营销策略、客户关系等统筹协调，准确把握市场需求。

（2）在需求和生产之间建立拉动系统。需求预测并不能改变客户需求的波动，而拉动系统就能平抑需求波动，为实现满负荷、均衡生产奠定基础。

（3）均衡订单，即让生产量与品种都平均化。由于市场和竞争的需要，企业往往会同时为市场提供多个品种的产品。但是，客户的订单流量会随机波动，完全按订单次序，则会导致明显的生产数量波动和生产组织困难；将一段时间的订单汇总按品种分类依次生产，虽然生产组织简单，但会导致过高的库存和过长的交货期，并失去对市场变化的敏觉。要想解决这些问题，就要将一段时间内的订单总量按品种均衡地分配到每天，使每天的产量和品种基本均衡，既能满足市场的均衡需求，又能达到生产的稳定要求。

2. 均衡生产的黄金原则

均衡生产是生产组织的主线，贯穿市场、生产、供应等整个产销流程，需要各业务部门的密切配合、协同工作。而要想实现各业务部门配合、协同，需要遵循以下6个黄金规则。

（1）树立客户链的观念。要树立"客户第一"的理念，一切以客户为中心，并将客户观念贯穿整个业务流程。

（2）建立游戏规则。如果营销部门以客户需求为由，不断变更需求，那么会让制造部门无所适从，因此要在业务流程各环节建立明确的游戏规则，就像企业与客户签订商业合同一样。只有用游戏规则约束各环节的行为，才能配合默契，从而最大化满足客户需求。

（3）恒定的生产节拍。生产节拍是制造能力的基本属性，为了一时的交货，而任意改变生产节拍，就会破坏标准化作业过程，降低品质，无法让客户满意。

（4）满负荷生产。只要启动了生产线，就应该让它满负荷运行，否则会造成巨大的资源浪费。如果需求不足，可以在完成生产后，将剩余的时间用于开展现场改善、培训学习、设备维护等活动。

（5）计划信息流与问题信息流分开。生产组织应该包含生产计划与生产控制两个部分。生产计划是组织分配制造资源的纲领，应该是明确而严肃的；生产控制是确保生产计划有效执行的管理行为，主要负责生产过程的问题，确保计划目标的完成。当执行与目标发生偏离时，可以按照流程变更计划，但必须将计划信息流与问题信息流分开，否则容易造成计划与控制的混乱，不利于持续改进。

（6）避免内外归因。任何计划的问题，都可以从外部找到理由，但于事无补。现实中从来没有完美无缺的计划，只能努力做得更接近市场。现实中没有完美无缺的计划，任何计划都会有问题，因为我们只能做得努力接近市场。

三、总量均衡

何为总量均衡？

所谓总量均衡，就是将1个单位期间内的总订单量平均化，即将连续两个单位期间总生产量的波动控制到最低限度。对于批量生产的某种产品，要按照预测需求，制定以月为单位的生产总数，按这个月的劳动天数进行平均，就可以得出每天的生产数量。

如果工厂生产总量不均衡，即产品的产量出现波动，那么工厂的设备、人员、库存以及其他生产要素，就要依照生产量的高峰期（日）做准备，尤其是在人和设备方面。因此，在生产量减少时，就容易产生人员和库存等的浪费。

例如，某月某产品的实际需求总量为400台，月生产20天，每日生产量的需求不同，最高日30台/日，最低日10台/日。为了满足生产量高峰日（30台/日）的需要，需按每日30台最大产量准备人员及其他生产要素，但是当产量为每日10台时，人员和设备就会造成很大的浪费；如果不按照每日30台的产量来安排生产要素，那么在产量增加时，就无法满足生产。可见，即使采用拉动式生产，如果工序间不平衡，同样也会产生浪费。反之，采用总量均衡的办法，使日产量保持一致，即每天生产20台，则可以按该产量准备人员和生产要素。如此，总产量没有减少，人员和生产要素可以减少1/3，成本也就随之降低。

从理论上讲，精益方法是按订单生产，即只生产客户需要的数量和产品，但如果完全按照订单生产，则会产生资源配置的浪费。因为客户的需求是不断变化的，当客户需求增加时，生产设备的产能就会出现不足；当客户需求减少时，生产设备的产能便会过剩。通常，为了应对较高的客户需求量，资源的需求量会设定得比较高，因此，当客户需求减少时，便会出现产能与资源过剩的情形。

而且，客户需求的变化会造成"牛鞭效应"，下游客户的少量需求变动将通过整个价值流产生涟漪效应，对每个生产作业步骤造成的影响将依序扩大。这时候，就需要更多的资源来应对。同时，这种效应还会让标准作业的实行、品质的控制、人员的安排等都变得更加困难。因此，为了配置人员、设备等生产要素，就可以采用总量均衡，将每天的生产通过生产指示看板按需求量进行控制。

精益生产与订单管理

订单管理的全过程包括订单获得和订单实现。经营目标，让订单管理明确了方向及要求；营销，让企业拥有了订单；设计、采购、制造则让订单得以实现，那该如何高效实现订单管理呢？

订单是客户关系管理的有效延伸，能更好地把个性化、差异化服务有机融入客户管理。订单管理以客户为中心，对产品实现全过程（设计、采购、生产、交付）进行控制，以实现订单的管理目标。

订单管理的主要作用在于，通过组织与协调，使组织不断创造价值，提高企业的运营效率和效益，让客户满意，而精益思想更便于实现这种目标。所以，在订单实现过程中，融入精益思想，才能发挥订单管理的价值。

理论上，精益方法是按订单生产，即只生产客户需要的产品与数量。但是如果完全按订单生产，则会产生资源配置的浪费。因为客户的需求是不断变化的,当客户需求增加时,生产设备的产能不足;当客户需求减少时,生产设备的产能会过剩。

实施总量均衡后,虽然每天都在按照相同的数量准备人员及生产要素,但需求仍可能产生波动。总的来说,这种波动可分为短期波动和长期波动两种情况。

1. 短期波动

对于短期内需求有小幅度波动,当需求量增大时可以采取加班方式,需求量减小时则提早结束生产。以某月生产400台产品为例,如果当天需求量稍大于20台,靠加班就可以解决;如果需求量稍小于20台,则需要提前结束生产。

2. 长期波动

对于周期性的大幅波动,需要重新进行总量均衡配置生产要素,而进行产品总量均衡的周期由产品特点及工厂管理能力确定:产品需求量波动频繁,调整就应频繁进行;工厂管理能力强,可在需要时及时调整;如果不强,则只能允许浪费的存在或供不应求。

综上所述,生产不均衡不仅会导致工厂在不同时期产生浪费,还会导致工序之间不均衡产生的浪费。前工序为了准备后工序在高峰期的领取量,需将设备、人员、库存等按高峰期配置,最终装配工序的总量波动也会使零部件供货厂家人员、设备和库存按高峰期配置,继而造成不同工序间的浪费。而生产总量均衡,不仅可以减少工厂在不同时期不均衡造成的浪费,还能减少不同工序间不均衡产生的浪费。

四、品种均衡

何为品种均衡？

品种均衡，就是在一个单位期间内产品组合平均化，各产品在不同单位期间不产生波动，生产各种产品时所需前工序的零部件数量不产生波动。

采用品种均衡，就能把所需工时多的产品、所需工时一般的产品、所需工时少的产品合理地进行搭配，均衡地进行流水混流生产，有效解决装配线平衡问题。

1. 品种均衡化的优点

品种均衡化是实现准时化生产的基础，主要优点如下。

（1）零部件使用量稳定。在每个循环内生产的种类及数量都一样，所以向前工序领取或向零部件仓库领取的零部件类别和数量比较稳定，向供应商订货的类别及数量也比较稳定。

（2）可提高利用率。各生产阶段所需求的种类及数量稳定，会使各工序以及供应商的生产负荷比较稳定，从而提高设备和人力的利用率。

（3）在制品与库存大大减少。在制品库存量与生产批量成正比，均衡化生产需减少批量，库存也将大量减少。

（4）提高市场反应速度。均衡化生产减少批量，可使每一个产品制造周期大幅缩短，提高市场响应能力。

（5）工人操作更加熟练。在批量较大的生产情况下，一般各品种每月重复生产一次，由于相隔时间长，切换做另一产品的初期时，往往作业效率低，易产生品质问题。在均衡生产的条件下，每天都要生产不同种类的产品，通过这种高频率、切换的生产方法，工人对产品的操作越来越熟练，这样有助于提高劳动效率。

2.品种均衡化的实现

实现均衡化生产时，需要注意以下几个方面的问题。

（1）事前训练很重要。不同产品的作业方式不同，事前训练很重要。在实际作业中，很容易有错误的动作和拿错部件的现象。而如何用防错法原理来避免，是企业必须研究的课题。

（2）频繁物品取用很有必要。小批量生产中的频繁物品取用很有必要。为了缩短库存和出品时间，在前工序中必须进行小批量生产，缩短程序的运行时间，这样就会增加生产品种的切换次数和切换总时间，企业必须采用快速转换技术补偿这部分的时间损失。

（3）合理调配技术和资金。不同零部件生产除了作业不同外，使用的设备、夹具、模具或工具也有所不同。因此，在生产中，不仅要导入快速转换技术，还要设计通用的工装和夹具来整合不同的产品；同时，配合适当的机器设备，也可以引入应用柔性生产系统和成组技术的生产机器配置技术。而要想实现这些手段，则需要一定的技术和资金，超过了一般中小企业的能力。

（4）灵活处理生产量问题。在市场需求量大幅变动时，生产量的适应会变得很困难。例如，以月安排的生产计划，那么供应商会据此安排生产供货。但如果实际需求量与原先的计划量差异太大，供应商的生产就会受到很大影响，而无法正常供货。针对这个问题，可以采取两种办法。①将变动的幅度控制在10%以内。②如果要结束某种特定类型产品的生产，那么就要提前通知供应商，并对相关损失进行补偿。

做品种均衡的前提有哪些？

做品种均衡，有这样几个前提。

1. 流程的稳定性

在实现品种均衡的过程中，首先要流程化，其次是安定化，再次是平准化，最后才是适时化品种均衡。安定化在平准化之前，不做到流程的安定化，很难实现平准化。

2. 排程要相对稳定

一旦确定了一段生产排程，就要有一段的稳定期（冻结期）。如果明天的排程今天还可以变换，或者说当天都可以变换，那么就无法做到品种均衡。

3. 流程的柔性

柔性之基就是快速换型、快速换模，如果生产线换一次模具或换一次生产线需要很长时间，那么只能大批量生产。从某种角度讲，换型时间越短，品种均衡程度就做得越高。

4. 人员的柔性

一天同时做几种产品，需要员工对几种产品的操作都非常熟悉。做到了这些，才可以做到品种均衡。

聚焦品种和分散品种，该如何平衡？

专注于一两个品种和关注多个品种，都有其各自的优劣，很难说哪个好哪个不好，需要根据每个人的核心能力和交易模式来确定，需要一种平衡，也可以进行均衡。

1. 技术分析可以同时分散多个品种，基本面分析需要聚焦一两个品种

技术分析具有可复制性，无论是什么品种，都有K线、形态以及收盘

价、开盘价，无论是外汇还是商品期货、股指期货，或股票，在技术分析面前都一样，都由一根根K线组成。所以，技术分析既能分析这个品种，也能分析那个品种，在技术分析面前，任何品种的走势都可以进行分析，且简单明了。所以，学了技术分析，可以说是一劳永逸，过去管用，未来也管用，这就是技术分析显著的优势。

但技术分析的致命缺陷是滞后性，无法提前判断哪个品种有行情，哪个品种无行情，所以需要分散到几个品种中，相关性弱一些，这个品种A没行情，出现的信号是假信号，但那个品种B可能有行情，出现的信号是真信号，两者都做，就能抓到B，弥补A的止损，获得不错的盈利。也就是说，分散，才容易抓到有行情的品种，抵消掉无行情的品种，从而实现整体盈利。

基本面分析则相反。

每个品种的基本面都不同，影响因素和权重因素不同，所以基本面研究的内容也不同，不具有复制性，虽然方法可能类似，但研究内容差别甚大。例如，每个期货品种的上下游不一样，产业结构不同，方法或类似，但都要对各品种的上下游做研究，对产业竞争模式做研究；又如，每个上市公司的业务模式、商品特点、管理文化、领导者风格等也都不一样，需要进行不同的研究。所以，基本面的研究模式，不像技术分析，不具有简单的复制性，需要一个个地进行研究、梳理和思考，这就决定了不能很快追溯到其他品种的研究上，很难分散品种。

而且，基本面是有难度的，需要消耗大量的时间和精力，所以一个人不可能精通多个品种的基本面，能精通一两个品种，就是这个品种或行业的大师了。所以，基本面分析，本身要求专一、精、细。

基本面的劣势告诉我们，如果想盘活基本面，则需要聚集、聚焦到这个品种的交易方面。如果基本面没有大行情或行情的品种，就不要做，只做基本面有大行情的品种，这样才能集中精力和仓位做这个品种。

2.技术分析和基本面分析的优缺点，决定是分散还是专注，需要根据个人核心能力而定

对于基本面有经验的人，专注为主，分散为辅。如果个人有基本面研究的经历和积累，在某一两个品种上深刻了解基本面，就可以将精力放在这一两个品种上，抓住这一两个品种的大行情实现暴富，即使等待两年或三年都无所谓，抓住一次就暴富。所以，如果根据基本面判断这些品种可能有行情，对技术分析的有效性就会降低，连续止损三次，都没关系，抓住一次，就足矣。同时，对其他品种，只选择有效性很高的技术信号，因为技术有效性很高的机会本来就很少，可以避免关注多个品种的缺陷，同时专注一两个品种的优点。

对于技术分析者，适当分散为主，聚焦为辅，理由如下。

多数人对基本面都无经验和积累，很难提前判断出这个品种有无大行情，因此采取的策略就是多撒几个"种子"，只要一个"种子"能长成大树就行，其他种子死了，也没关系。所以，要发挥技术分析的优势，分散一些品种，选择有效性高的品种做，不用要求有效性很高，因为有效性高的机会并不多，在不同的品种上抓住一些行情，就能获取一些波段式的利润。

如果根据简单的基本面逻辑推理，即我们所讲的基本面研究方法，根据某个关键因素，认为某个商品有大行情，在这个时间段内，就可以专注这个品种。

如果某个品种或某个市场出现大行情，吸引了媒体或资金或社会的关注，资金不断涌入，持仓量或成交量持续增大，即遇上所谓的风口，即使你不懂这个品种的基本面，也可以专注于这个市场或品种。因为，在一个时间段内，只能有几个有限的市场或品种出现大行情，且大行情的出现会

持续较长的时间。

总之，要适当分散，但不能过于分散，要分散为主、集中为辅。这种分散，不是过分地分散，不是什么品种都关注，而是选择走势有规律、成交活跃、技术分析有效性高的品种，这样既能发挥出技术分析的优势，又可以避免过多分散精力的缺陷。

五、均衡化生产的实施

均衡化是使生产量和产出组合以一段时期内总的订单量来平均化，使每天的产量与产出组合相同。做生产的都有一个希望：订单稳定，批量较大，减少换线，实现持续稳定的流水化生产。均衡化就是一个缓冲器，可以将需求端的不确定性降低，输送给生产端一个稳定的需求，平衡需求端与生产端的矛盾。

1. 实施均衡化生产的优点

实施均衡化生产，不仅可以让零部件使用量稳定，设备和人力负荷稳定，还能减少产品和库存；实施均衡化不仅能提高对市场的反应速度，还能使工人操作更加熟练。

2. 实施均衡化生产的注意事项

实施均衡化生产要注意这样几个内容。

（1）重视事前训练，避免实际操作中错误的出现。

（2）采用快速装换技术，补偿因切换次数增加而产生的时间损失。

针对市场需求量与生产量差异较大的问题，可以采用两种方法：一种是设法将变动的幅度控制在10%以内；另一种是如果想结束某种特定类型产品的生产，必须提前通知供应商，并对相关损失进行补偿。

第八章 均衡生产提效——生产削峰填谷，减少资源投入

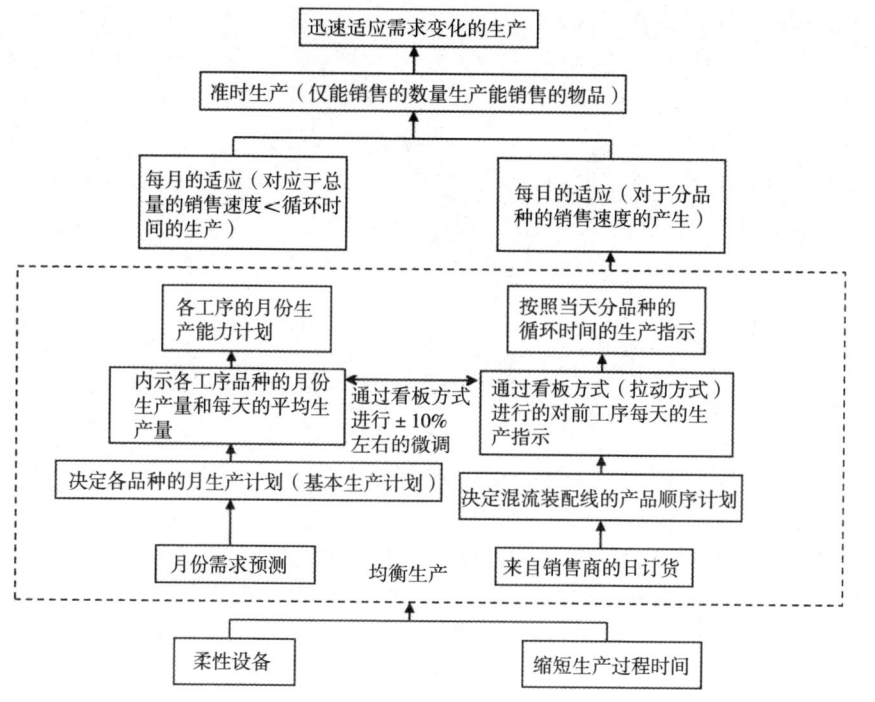

```
                         迅速适应需求变化的生产
                                  ↑
                  准时生产（仅能销售的数量生产能销售的物品）
                          ↑                    ↑
           每月的适应（对应于总            每日的适应（对于分品
           量的销售速度<循环时            种的销售速度的产生）
           间的生产）

    ┌─────────────────────────────────────────────────────────┐
    │   各工序的月份生           按照当天分品种的              │
    │   产能力计划              循环时间的生产指示            │
    │        ↑                         ↑                      │
    │   内示各工序品种的月份   通过看板方式   通过看板方式（拉动方式）│
    │   生产量和每天的平均生   进行的±10%    进行的对前工序每天的生│
    │   产量                   左右的微调    产指示            │
    │        ↑                                 ↑              │
    │   决定各品种的月生产计划（基本生产计划） 决定混流装配线的产品顺序计划│
    │        ↑                                 ↑              │
    │   月份需求预测         均衡生产      来自销售商的日订货  │
    └─────────────────────────────────────────────────────────┘
                    ↑                         ↑
              柔性设备                 缩短生产过程时间
```

图8-1 均衡生产示意图

第九章
质量降本
——建立质量损失成本模型,明确每一分钱是如何失去的

一、质量成本的定义及组成

质量成本,是指为了确保满意的质量而发生的费用,以及达到满意的质量所造成的损失,当产品质量达不到百分之百合格时,为产品质量而增加的成本。

质量成本是实际生产成本与完美质量水平下的成本之间的差值,如果能把质量损失中的显见部分,特别是隐见损失控制住并降低,那么就会大大降低企业的总成本。

质量成本的组成如下。

1. 内部故障损失成本

内部故障损失成本,是指在产品运交客户之前,因不能满足规定的质量要求造成的产成品、半成品、在制品、试生产产品等的净损失价值。主要内容如下。

(1)废品损失费,指无法修复或在经济上不值得修复的产成品、半成品、在制品、试生产产品等的净损失价值。

(2)返工返修损失,指对不合格的产成品、半成品、在制品进行修复而使其合格所耗用的原料、材料、动力、人力、复检等费用。

(3)复检测试费用,指对经过返工或其他校正作业的产品进行再检验的费用。

(4)停工损失,指由于质量故障而引起的减产、停工损失等费用。

(5)产量损失,指实际产量低于可能得到的产量而发生的损失。

(6)故障处理费用,指对已经出现的质量事故进行分析处理所产生的费用。

（7）降级损失，指产品存在轻微质量缺陷，但其主要性能均达到规定的质量要求而需降级减价处理所造成的损失价值。

2. 外部故障损失成本

外部故障损失成本，是指产品出厂后因不满足规定的质量要求造成的损失费，以及处理这类质量问题支付的各种费用。其主要包含如下内容。

（1）用户索赔费用，指产品出厂后，因产品质量缺陷，由用户提出申诉并赔偿用户的全部费用。

（2）退货损失，指产品交付后，由于质量问题而造成的退货、换货所支付的全部费用。

（3）保修费用，指根据保修合同规定或在保修期内，给客户提供修理服务的一切费用。

（4）折价损失，指因客户接受低于标准的产品而承认的折扣让价费用。它包括因产品降级出售而损失的收益。

3. 鉴定成本

鉴定成本，指鉴定产品质量是否满足规定的质量要求而支付的费用。主要包含以下内容。

（1）进货检验费用，指鉴定供方提供产品质量的费用。

（2）工序间检验费用，指对中间产品和产品制造过程中各工序的状况进行鉴定所支付的费用。

（3）成品检验费用，指对产品入库、出厂的质量鉴定所发生的费用。

（4）试验设备维护费用，指试验设备日常保养、维修、维护等费用。

（5）检验和试验设备费用，指查核产品在整个加工期间是否符合质量要求所需的检测和试验设备等费用。

（6）工资及附加费用，指专职检测、计量人员的工资、检验部门的办公费、各种附加费用等。

4.预防成本

预防成本是指用于预防产品质量缺陷和不合格品的发生而支付的质量管理活动费用。

（1）质量培训费用是指企业为达到质量要求，对有关人员进行质量管理意识、质量管理知识、技能培训所发生的费用。

（2）质量管理费用是指为开展质量管理活动所发生的一切费用，如制定质量手册、程序文件、质量计划等。

（3）新品评审和质量审核费用是指新品评审、产品质量审核、质量管理体系审核所支付的费用。

（4）质量改进费用是指企业为建立质量管理体系，提高产品和工作质量、调整工艺、开展工序控制所支付的费用，以及可以列入产品成本开支的产品质量技术改进措施费用。

（5）工资及附加费是指专职质量管理人员的工资、专职质量管理部门办公费用及各种附加费用等。

二、全面质量管理的主要4个阶段

全面质量管理主要包括4个阶段：质量策划、质量控制、质量保证、质量改进。

第1阶段：质量策划

质量策划是质量管理的一部分，致力于制定质量目标，并规定必要的运行过程和相关资源来实现质量目标。

要点如下：

第九章 质量降本——建立质量损失成本模型，明确每一分钱是如何失去的

（1）质量活动是从质量策划开始的，质量策划包括规定质量目标，为实现质量目标而规定所需的过程和资源。

（2）质量策划是组织的持续性活动，内外部环境和要求的变化都要求组织进行质量策划，并确保质量策划在受控状态下进行。

（3）质量策划是一系列活动（或过程），质量计划是质量策划的结果之一。

第 2 阶段：质量控制

质量控制是质量管理的一部分，致力于满足质量要求。

要点如下：

（1）质量控制的目标是确保产品、过程或体系的固有特性达到规定的要求。

（2）质量控制的范围涉及与产品质量有关的全部过程，以及影响过程质量的人、机、料、法、环、测等因素。

第 3 阶段：质量保证

质量保证是质量管理的一部分，致力于提供质量要求获得满足的信任。

要点如下：

（1）质量保证的核心在于，提供足够的信任使相关方确信组织的产品能满足规定的质量要求。

（2）建立、实施、保持和改进质量管理体系，来确保产品符合质量要求。

（3）提供必要的证据，证实建立的质量管理体系满足规定的要求，使用客户或其他相关方相信组织有能力提供满足规定要求的产品，或已提供了符合规定要求的产品。

第 4 阶段：质量改进

质量改进是质量管理的一部分，致力于增强满足质量要求的能力。

要点如下：

（1）影响质量要求的因素涉及组织的各个方面，在各阶段、各环节、各职能和各层次均有改进机会，因此管理者应发动全体成员并鼓励他们参与改进活动。

（2）改进的重点是提高满足质量要求的能力。

三、精益质量系统的构建

精益质量系统的构建，通常要经历这样几个流程。

第1步，优架构，搭班子

主要工作是：确定谁来做，明确职责担当的问题。

第2步，建标准，梳流程

主要工作是：确定怎么做，界定规范标准的问题。

第3步，挖数据，知偏差

主要工作是：跟管理要结果，让数据说话，做数据评估。

第4步，做培训，做改善

主要工作是：赋能组织，全面增强意识和行为。

第5步，施绩效，能评价

主要工作是：业绩对标，区分优劣和弱项检讨。

四、质量改进与质量成本

性能改进始于高质量成本领域问题的鉴别。

1. 质量成本在供应商控制上的应用

首先,要确定什么是重要成本。通过进行帕累托分析,确定引起问题的到底是哪个供应商,因为多数问题都归因于少数几家供应商。针对"致命的少数"供方,采取适当的措施和行动,说服供应商建立质量成本规划。供应商和买方产品质量均有改进,有利于利润的提高。供应商利润提高,最终就能在竞争中降低买方的采购价格和成本。

2. 改进质量,总质量成本降低

外部损失成本高,就要重视鉴定工作。个别企业质量检查人工占惊人的30%,但仅将一部分外部损失变成内部损失,且承担了增加的检查负担,为了改进质量,可以采取一定的预防措施。

五、预防是降低质量成本的关键

预防是降低质量成本的关键。那如何预防呢?

1. 高层

首先,企业高层要往"预防有功"的机制倾斜。比如,深思熟虑的流程一定要能达到预防的目的,要给足达到流程共识所花的时间。

其次,将"预防有功"具体化,让专业知识在内部流通。很多时候并不是大家不愿意做预防，而是他们不知道怎么做，因为各部门只掌握自己部门的专业知识，这样很难流通。

2. 中层

预防工作是管理者的工作内容之一，低层级的人员一般没有相应的资源和权力实施预防方案，管理者要亲自介入问题。另外，还要保证设备正确使用和物料的及时更换，否则一旦产生问题，基层根本就没办法解决，也会给企业造成巨大损失。

3. 基层

基层必须得到尊重。要帮助员工降低操作类缺陷，因为操作类涉及所有的基层员工。

第十章
战略寻源和采购降本
——与供应商协同建立降本共赢的机制

一、采购降本是降本链条的重要环节

采购降本作为降本链条的重要环节,是降本战役的主战场之一。持续打赢采购降本攻坚战,是企业经营管理中一个无法回避但又永不过时的话题。

企业要使自己的商品卖个好价,获得丰厚利润,就要在采购环节控制好成本。研究表明,采购环节每降低1%成本,企业就能增加5%~10%的利润。

随着市场的日渐成熟,以及明码标价的盛行,商品的价格越来越透明,商品竞争越来越激烈,企业的利润空间也越来越小,要想在激烈的市场环境下存活,企业就要降低采购成本,降低产品的销售价格,来赢得消费者的关注。

1. 采购降本增效的原因

采购之所以要降本增效,主要原因不外乎这样几个。

(1)市场竞争激烈。随着市场竞争的日益激烈,为了保持市场份额和利润空间,企业必须不断降低成本。采购作为企业成本的重要组成部分,自然就成了降本增效的关键环节。优化采购管理,企业就可以在保证产品质量的前提下,降低采购成本,提高整体竞争力。

(2)满足供应链管理的需要。采购管理是供应链管理的重要组成部分。一个高效、稳定的供应链可以为企业带来众多好处,比如,减少库存、提高交货速度、降低风险等。而要想实现这些目标,采购管理就必须做到降本增效。通过优化采购流程、提高采购效率,来更好地管理供应链，并实现与供应商的长期合作和共赢。

（3）企业持续发展的需求。降本增效不仅是企业应对市场竞争的手段，更是企业持续发展的内在需求。随着企业的发展壮大，对采购管理的要求也越来越高。实现采购降本增效，就能为企业的发展提供源源不断的动力，助力企业实现健康、可持续的发展。

2. 采购降本增效的意义

采购降本增效，有助于企业的发展，具体表现为以下方面。

（1）提高企业经济效益。实现采购降本增效，最直接的好处就是降低企业的成本，提高经济效益。通过优化采购管理，企业可以在保证产品质量的前提下，减少不必要的开支，提高利润空间。

（2）增强企业竞争力。在市场竞争中，成本优势往往是企业获得市场份额的重要手段。通过实现采购降本增效，企业可以在价格上获得优势，从而吸引更多客户，进而增强企业的竞争力。

（3）促进供应链协同发展。采购降本增效的实现，需要企业与供应商之间的紧密合作。通过优化采购管理，企业可以与供应商建立长期稳定的合作关系，实现供应链的协同发展，并共同应对市场变化。

二、采购降本的主要方法

降低成本，通常从削减采购成本和优化采购支出这两方面入手，具体该如何做呢？

1. 做好价格与成本分析

采购员要想运用价格与成本分析的手法，帮助企业降低成本，就要了解构成产品成本的基本要素。不了解要采购产品的成本构成要素，就不能正确估算产品的成本，也不能判断供应商的报价是否合理，从而失去最合适的供应商，丧失降低成本的最佳机会。此外，采购员还要明白价格与成本分析是专业采购的基本工具。

2. 利用目标成本法

目标成本法是指，企业通过产品的成本加利润可以确定产品的销售价格。在产品的研发阶段，就把竞争者产品上市的情况考虑进去，努力控制产品的设计费用、材料费用、加工费用等。企业设定的产品销售价格，要让消费者乐意接受，要将采购成本控制在消费者乐意接受的价格减去合理的利润之内。

如果产品上市，经市场检验，定价过高不被消费者接受，企业就得自己承担损失，重新设计价格偏高的产品。如果还不能降低成本，即使是很好的产品，也要果断放弃。因为价格偏高的产品，不容易被消费者认可，不被认可就不能给企业带来利润。

3. 做好价值分析

价值分析着重于功能分析，力求用最低的生命周期成本，可靠地实现必要功能的、有组织的创造性活动。简单地讲，价值分析就是在保证产品使用功能的前提下，分析出最低的成本。

例如，某电风扇厂为了降低采购成本，运用价值分析，通过更换风叶的材料来分析产品的价值。铁质的风叶单价15元，塑料的风叶5元，经过研究试验，两种材质的风叶降温的能力一样。然后，该电风扇厂用塑料风叶代替铁质风扇，大幅降低了采购成本，为企业带来了可观的利润。这就是运用价值分析的结果。

4. 实施标准化

为了降低采购成本，企业在产品研发的开始，就要落实规格的标准化，通过设计规格通用的零件和模具，来进行大规模采购和生产，以实现降低产品成本的目的。为了大幅降低采购成本,企业要把标准化的范围扩大,同时在作业程序和制程上也应该尽快实施标准化。

5. 做好价值工程

价值工程比较抽象,是指通过有组织的活动和集体智慧分析产品或服务功能,以最低的总成本(寿命周期成本)达到目标,实现产品或服务的必要功能,从而提高产品或服务的价值。简言之,价值工程就是,通过分析选定对象的功能和费用来提高对象的使用价值。价值工程往往会运用简化、变更、替代、剔除等方法,来实现降低成本的目的。

此外,采购员要明白价值工程与价值分析的异同之处。价值工程是针对现有产品的功能或成本,做系统化的研究与分析;而价值分析仅用于新产品工程设计阶段。然而,发展到今天,在使用过程中,人们已经把价值分析与价值工程当作同一概念。

6. 为便利采购而设计

为了便利采购而设计,是指在产品的设计阶段,使用标准零件,以及利用协力厂的标准制程与技术,让物料容易采购到。该方法是一种自制与外购的策略。通过外购,既能降低自制所需的技术费用,又能降低生产所需的成本。

7. 积极谈判

采购活动中,要进行必要的价格谈判、合同谈判,来获得合理的采购价格,并争取到更多的权益。谈判是指采购方与供应商双方为了各自目标,进行协商并达成一致意见的协调过程。采购员通过谈判,往往能够使采购价格实现3%~5%的降幅。为了大幅降低采购价格,要灵活使用价格与成本分析、价值分析、价值工程等方法。

8. 杠杆采购

杠杆采购主要针对企业内部各分公司或不同的事业部门需要,采购相同的产品,并向同一家供应商采购,采取集中采购就能增大议价空间,获得大幅的价格优惠。比如,甲汽车公司总部需要采购一批轮胎,决定向乙轮胎加工厂采购。同时,它的三个分公司也需要采购轮胎,也决定向乙轮胎加工厂采购。总部得知后,就会通过集中采购,获得最大幅度的价格优惠,从而降低采购成本。如果各自采购,会导致同一商品,采购价格高低不一,且彼此并不知情,从而让供应商捡了便宜,并失去降低采购成本的好机会。

9.鼓励供应商参与

为了有效降低采购成本,企业让供应商越早参与,效果越好。如今在产品设计初期,很多企业就与供应商洽谈,让供应商积极加入到新产品研发团队中,目的就是借助供应商的专业技术实现降低成本的目的。

三、采购降本的关键步骤

采购降本的具体步骤如下。

第1步,建立规范的高效流程制度

(1)流程和制度设计与管理目标及实际情况要相适应。

(2)流程上的各个环节程序化,以规范内部的控制制度。要确保采购、技术、生产、质量等各人员之间信息的良好传递和反馈,以提高运作效率。

第2步,供应资源优化协作

(1)供应商分级、评审、考评量化、客观、系统化。

(2)分类物料供应商按不同策略管理。

(3)与关键供应商建立战略协作关系。

第 3 步，战略采购缩短周期

（1）战略采购应同日常操作采购分开，并简化其采购流程。

（2）保证物料齐套管理效率，加强计划需求管理和过程协调跟进。

（3）了解新品开发计划和进程，参与前期供应商选择。

（4）负责总体供应管理战略的实施和推进，关注供应商的变化。

（5）给有潜力的供应商以差异化政策。

（6）各品种采购模式的确定和优化，制订优化采购计划并实施。

（7）与操作采购的人员进行沟通和协调，确保各品种的供应能力能够满足公司对生产、质量及新品开发的要求。

（8）监督和管理各品种的战略采购行为。

第 4 步，控制价格成本，同步开发设计

（1）建立完善的汇报制度，以保证内部控制管理有效落实。

（2）系统化、制度化市场供应需求信息、物料价格及供应商成本结构统计分析。

（3）产品成本分析及价格目标达成状况分析。

四、供应商优化策略

分类整合，不断优化供应商数量

要想优化供应商，首先可以将同类物料供应商合并，来减少或合理供应量分配，以节约物流和制造成本。

供应商是生产企业的战略资源，采购企业的最终目标是通过采购平台获得供应商提供的产品和服务，满足客户需求。然而，由于采购模式的特殊性和采购规模上的复杂性，使生产企业在供应商关系中处于强势地位。

为了获得市场机会和降低采购成本，很多企业会采用多供应商战略协同的方式与供应商进行合作谈判，这能使生产企业减少投入和对采购资源进行有效配置，从而形成竞争优势，提高生产企业在市场中的竞争力，并与供应商形成优势互补、相互依存、互利共赢的合作关系。

整合供应商是供应链管理的重要内容，有利于企业降低采购和物流成本，促进企业技术进步，提高核心竞争力。

1. 供应商整合

供应商整合是指，充分利用供应资源，来促进供应商在质量、成本、服务和创新等方面持续改进，并协调发展供应商的管理措施。

（1）集中采购。把分散在各事业部、工厂的采购统一管理，采用统一确定供应商，统一定价，然后根据需求配送，可以降低管理成本和采购成本。

（2）设计标准化。设计做到标准化、通用化和模块化，可以减少采购种类和供应商数量，实现集约采购。

（3）完善的供应商准入制度和合格供应商清单。在公司层面联合评审确定合格供应商清单，同时制定新供应商准入制度。确定在什么情况下开发新供应商，新供应商进入的要求和规则是什么。设计时，首先要从合格供应商清单选择供应商，如果不能满足，就提交新供应商开发申请，由采购部门评审后方可开发新供应商。

2. 供应商整合注意事项

进行供应商整合，要注意以下几方面。

（1）制订适合的供应商整合方案。整合的成功与否取决于这一动作是在解决问题还是在制定政策。采购部门要解决的问题是，降低采购成本，提高准时交付率，获得更好的服务；设计部门要解决的问题是，供应商设计速度最快配合最好，其他与他们无关；生产部门需要解决的问题是，要求交货准时、质量可靠，价钱多贵与他们无关。因此，只有从全局出发，才能制订出切实可行的解决方案。

（2）不能为了整合而整合，要协同作战。正确做法是，分析哪些供应商需要淘汰，为什么淘汰，如果不能淘汰是因为什么……只有经过客观分析，供应链部门结合技术、生产等部门共同进行，才能确定正确的行动计划。供应商层级的大优化，是指通过供应商的优化，按照品类，确定各品类的优选供应商，以实现综合成本最低。如果说物料层级的小优化是战斗，那么供应商层级的优化就是战役。企业规模小的时候，可以采用物料层级的小优化，当企业成长到一定规模的时候，小优化会让企业失去规模效益，从而影响企业的长远发展，这时候最好采用供应商层面大优化。

客观公正地选择供应商，对供应商进行分类

客观公正地选择供应商，对供应商进行分类，是供应商优化的第二大策略。也就是说，团队要按照标准程序审核评价供应商，按统一标准对供应商进行分类和分级管理。

1.供应商的选择

供应商在供应链中担负着重要角色，其选择机制应是多元化的，因此，选择供应商时要因地制宜，对企业所处的内外环境进行详细的分析，根据企业的长期发展战略和核心竞争力，并选择适合本企业或本行业的理论和方法，来制定相应的实施步骤和实施规则。

不同的企业在选择供应商时，采用的步骤会有差别，但至少要包括以下几个基本步骤。

第1步，成立供应商评选小组。采购方企业应成立一个专门的小组来控制和实施供应商评价，小组成员要以采购、质量、生产、工程等与供应

链合作关系密切的部门为主，还要具备一定的专业技能。

第2步，分析市场竞争环境。企业要知道现在的产品需求是什么、产品的类型和特征是什么，并以此来确认客户的需求，确认是否有建立供应关系的必要。如果已经建立了供应关系，则要根据需求的变化来确认供应合作关系变化的必要性，要分析现有供应商的现状，并总结企业存在的问题。

第3步，确立供应商选择的目标。企业要确定供应商评价程序的实施方法，以及建立实质性的目标。

第4步，建立供应商评价标准。供应商评价指标体系是企业对供应商进行综合评价的依据和标准，供应商的评价标准主要涉及以下几个方面：供应商业绩、设备管理、人力资源开发、质量控制、成本控制、技术开发、客户满意度、交货协议等。

第5步，供应商参与。一旦企业决定实施供应商评选，需尽可能地让供应商参与到评选的设计过程中，并确认他们是否有获得更高业绩水平的愿望。

第6步，评选供应商。主要工作是调查、收集有关供应商生产运作等信息，然后利用一定的工具和技术方法进行供应商的评选。

第7步，实施供应合作关系。在实施供应合作关系的过程中，市场需求也在不断变化，企业可以根据实际情况，及时修改供应商评选标准，或重新开始供应商评估选择。重新选择供应商时，应给予新旧供应商足够的时间来适应变化。

2.供应商分类

供应商分类是对不同供应商进行分别管理的首要环节，只有在供应商细分的基础上，采购企业才能实施恰当的供应商管理策略。下面分别介绍几种不同的供应商分类方法。

（1）80/20 原则和 ABC 分类法。

ABC 分类法是将采购企业的采购物资进行分类的方法，而不是针对供应商分类的，但只要将采购物资分门别类，就可以将提供这些物资的供应商区别开来。相应地，采购精力分配也应有所侧重，对重要程度不同的供应商，采取不同的策略。

ABC 分类法的思想源于 80/20 原则，大意是采购数量仅占 20% 的物资的采购费用常常占 80%，而剩余采购数量为 80% 的物资的采购费用却只有 20%。80/20 原则将供应商按照物资的重要程度划分为两类：重点供应商和普通供应商，即占 80% 费用的 20% 的供应商为重点供应商，而其余只占 20% 采购费用的 80% 的供应商为普通供应商。

对于重点供应商，应投入 80% 的时间和精力进行管理与改进，因为这些供应商提供的物资为企业的战略物品或需集中采购的物资。而对于普通供应商则只需投入 20% 的时间和精力，因为这类供应商所提供的物品的运作对企业的成本、质量和生产的影响较小，如办公用品、维修备件、标准件等物资。

（2）按照合作关系的深浅分类。按照采供双方的合作关系由浅到深的次序，将供应商分为短期目标型、长期目标型、渗透型、联盟型和纵向集成型等五类。

①短期目标型。短期目标型是指，采购商和供应商之间是交易关系，即一般的买卖关系。双方交易仅停留在短期的交易合同上，双方最关心的是如何谈判、如何提高自己的谈判技巧和议价能力使自己在谈判中占据优势，而不是如何改善自己的工作而使双方都获利。交易完成后，双方的关系也就终止了，双方的联系仅局限在采购方的采购人员和供应方的销售人员之间，其他部门的人员一般不会参加双方之间的业务活动，双方也很少有业务活动。

②长期目标型。长期目标型是指，采购方与供应商保持长期的关系，双方可能会为了共同的利益改进各自的工作，并建立起超越买卖关系的合作。双方工作的重点会从长远利益出发，相互配合，不断改进产品质量与服务质量，共同降低成本，提高竞争力，合作的范围遍及各自公司内部的多个部门。

③渗透型。渗透型供应商关系是在长期目标型基础上发展起来的，其指导思想是把对方看成自己公司的一部分，提高对对方的关心程度。为了能够参与对方的活动，采购企业甚至会在产权上采取一些措施，如相互投资、参股等，以保证双方利益的共享与一致性。同时，在组织上也会采取相应的措施，如双方派员加入对方的有关业务。

④联盟型。联盟型供应商关系是从供应链角度提出的，其特征是在更长的纵向链条上管理成员之间的关系，双方维持关系的难度更高，要求也更严格。联盟成员的增加，往往需要一个处于供应链上核心位置的企业出面协调各成员之间的关系，它常被称为供应链上的核心企业。

⑤纵向集成型。纵向集成型供应商是最复杂的关系类型，即把供应链上的成员企业整合起来，像一家企业一样。成员企业仍然是完全独立的企业，决策权属于自己。因此，每家企业都要充分了解供应链的目标、要求，在充分掌握信息的条件下，自觉作出有利于供应链整体利益而不是个体利益的决策。

（3）模块法。根据供应商分类模块法可以将供应商分为商业型、重点商业型、优先型和伙伴型4种类型。

①重点商业型供应商。供应商认为，采购方的采购业务对他们来说无关紧要，但该业务对本单位却十分重要，这样的供应商就是需要注意改进和提高的"重点商业型供应商"。

②商业型供应商。对于供应商和采购方都不是很重要的采购业务，供

应商可以方便地选择更换。这些采购业务对应的供应商就是普通的"商业型供应商"。

③伙伴型供应商。供应商认为，本采购企业的采购业务对于他们来说非常重要，自身又有很强的产品研发能力等，同时该项采购业务对本企业也很重要。这些业务对应的供应商就是"伙伴型供应商"。

④优先型供应商。供应商认为采购方的采购业务对他们来说非常重要，但该项业务对于本企业来说并不十分重要。这样的供应商无疑有利于本企业，就是"优先型供应商"。

量化定期评价，考评结果体现供应商实绩

要想优化供应商，就要定期系统地评价供应商的质量、技术能力及服务、价格成本，并将其作为供应商发展管理的基本依据。

1.何为定期评价？

为了从源头上把控产品质量的稳定性，对供应商资质、产品质量、供货能力（周期）、产品价格等因素进行周而复始的综合考量、考评的过程。要想优化供应商，企业就要依据要求建立审核供应商的审核小组，小组成员应包括采购部、质检部、生产部，来分别负责对供应商的资质、产品质量、供货能力（周期）等进行审核。

2.如何进行评价？

企业应建立规范完整的审核程序，并经批准后执行。审核小组应建立统一、适用的供应商评价体系标准。

一般的供应商评价可以分为两大类：（1）结合供应商的资质以及以往的产品质量、供货能力（周期）、产品价格等因素，让审核小组对供应商进行定期评价；（2）对供应商进行现场审核，将供应商质量管理体系纳入本厂的质量管理范畴。

协助供应商提高质量服务,降低成本

企业要跟供应商一起制定质量及成本管理目标,然后根据目标达成情况,针对相关问题,制定提高措施。

虽然管理和改进低质量的供应商是一项具有挑战性的任务,但完全有可能与他们合作并提高他们的能力。

那如何来通过管理和帮助提高供应商的质量呢?

1. 确定根本原因

了解供应商产品或服务质量低下的原因,对他们的流程、资源和能力进行全面评估,以确定需要改进的领域。

2. 设定明确的质量期望

向供应商清楚地传达你的质量要求和期望,包括定义特定的质量指标、性能指标以及需要满足的行业标准或认证。

3. 建立协作关系

在协作和开放沟通的基础上,与供应商建立牢固的伙伴关系,参加定期会议,讨论质量改进策略、分享反馈并解决疑虑,培养持续改进和相互支持的文化。

4. 提供培训和支持

提供培训计划或研讨会,来帮助供应商提高质量能力,包括对他们进行质量管理系统、流程改进方法,以及所在行业所需的特定技术技能方面的教育。

5. 进行供应商审核

通过审核,定期评估供应商的流程、设施和质量管理系统,确定不合规或薄弱环节,并共同制定纠正措施,为他们提供指导和支持,助力他们实施变革。

6. 分享最佳实践

分享最佳实践和从质量管理计划中吸取的经验教训，鼓励供应商采用这些做法并从中学习经验，来帮助他们提高质量。

7. 提供激励和奖励

实施激励计划，以激励和奖励达到或超过质量目标的供应商，肯定并祝贺他们的成就，鼓励其在质量改进工作上投入更多。

8. 协作解决问题

当出现问题或质量事件时，要与供应商协作，确定根本原因并实施纠正措施。让他们参与解决问题的过程。

9. 定期绩效审查

建立定期绩效审查系统，评估供应商质量改进工作的进展情况。提供建设性反馈，突出改进领域，并共同设定新的质量目标。

10. 评估供应商关系

如果供应商始终没有满足质量要求，要努力帮助他们改进，并评估持续这种关系是否可行。有时，可能需要寻找能够更好地满足质量期望的替代供应商。

总之，提高供应商质量是一个持续的过程，需要承诺和协作。通过与供应商密切合作、提供支持和指导并培养持续改进的文化，可以帮助他们增强能力并最终提高产品或服务的质量。

与核心供应商建立战略联盟

与核心供应商建立战略联盟，是指为满足消费者的需求和使供应链整体优化，买方企业与核心供应商之间通过各种承诺、协议、契约，对其自身以及在相互间按供应链的总目标，进行多方位的整合，结成优势互补、资源利益共享、风险共担的期限较长的战略采购组织。长期合作或参与产品开发、技术合作,共同承担风险。

1. 与核心供应商建立战略联盟的意义

与核心供应商建立战略联盟是一种全新的管理理念和方法,是供求双方合作的高级形式。他们之间通过技术共享、联合开发、战略协同等非常紧密的合作关系,可以结成"命运共同体",实现双赢结局。

就买方企业而言,可以带来以下好处。

(1)技术。可以优先获得最新的研究成果、技术开发的信息和进度,还可以通过联合开发、技术队伍的建设和技术革新实现技术的优势互补。

(2)成本。可以降低物料成本、流程成本和机会成本,从而使总成本降低。

(3)速度。可以简化流程、提高效率、缩短采购周期,提高总体价值链的反应速度,加快新品上市,快速把握市场契机。

(4)质量。可以实现产品质量和服务质量的提高,比如,提高供货可靠性和准确性、扩大服务范围。

(5)安全。可以在货源供应上得到保证,降低供应风险。

2. 与核心供应商建立战略联盟的原则

与核心供应商建立战略联盟绝非企业间简单的合作,为了最终实现有利于双方的双赢结局,结盟企业必须遵守一些基本原则。

(1)战略性原则。与核心供应商建立联盟必须以战略性的眼光,从战略管理的角度来考虑结盟。这种战略性原则表现为:首先,与核心供应商联盟必须是长期的,甚至可以是无限期的,一般至少应该为3年;其次,必须和企业的战略规划保持一致,并在企业的战略指导下进行。

(2)开放性原则。与核心供应商建立战略联盟的实质是与他们通过技术共享、联合开发、战略协同等紧密的合作关系,实现在适当的时间、适当的地点获得适当价格、适当数量的物料。因此,彼此之间要开放成本结构、发展战略、技术及产品。当然，这里的开放是相对的开放，仅限于不损害本企业利益而又有利于双方合作。

（3）互惠性原则。双方都受益是战略联盟的基础，买方企业和供应商应致力于发展一种长期合作、双赢的交易关系。采购部门要改变多家采购和短期合同的采购手段，转为减少供应商的数量，向同一供应商增加订货数量和种类，使供应商取得规模效应，以降低成本；要跟供应商签订长期合同，使其资源得到更高效的利用。作为回报，供应商应该向买方企业提供最低总成本的货品和物料供应。

（4）高层驱动原则。企业与哪些供应商建立战略联盟，建立何种程度的联盟，如何保证联盟作用的有效发挥，都直接影响着今后大部分采购资金的流向和使用效率，换言之，直接影响着企业的生存与发展。因此，不仅是否建立联盟需要供求双方高层做出决策，决策之后更需要他们的支持与推动。

（5）相对排他原则。建立战略联盟后，买方企业要向供应商开放内部信息和一部分技术，如果供应商同时又向其他企业，特别是和买方企业在同一领域竞争的对手供应，必然会损害该企业的利益，使其竞争对手获得意外的优势。因此，同一领域的战略联盟不能是一对多关系。

3. 核心供应商的选择

（1）是否门当户对？这是结盟的前提条件。如果核心供应商拥有价格优势、核心技术以及强势品牌，那么买方企业就要判断自身是否具有对等优势，如是否在品牌、销售网络、采购量及未来增长潜力等方面具有优势。买方企业不顾自身的条件，一厢情愿地攀高枝，多半都难以成功。

（2）对方是否愿意合作？这也是建立联盟的基础和先决条件。买方企业可以通过调查核心供应商对战略联盟是否持欢迎态度、是否对本企业未来的发展潜力看好、是否乐意建立稳定的互惠互利的关系等来判断。

（3）历史记录是否良好？买方企业必须评价供应商在过去是否长期给本企业供货且考评业绩良好，对曾有不良供货记录且供应量少的供应商基本可以排除。

（4）战略是否匹配？供应商的发展战略与本企业发展战略是否方向一致或相互促进，对那些不愿在核心产品的生产领域长期发展或不愿成为强势企业的供应商予以排除。

（5）成本是否具有竞争力？既要判断供应商当前所供货物的生产成本是否具有竞争力，又要考虑未来是否具有成本降低的潜力。

（6）质量水平是否满足？要评价供应商是否有良好的质量监控体系，长期以来的质量水平是否较高且稳定。

（7）与企业的竞争对手是否已经结盟？即是否符合相对排他原则。对于脚踏多只船的供应商要认真权衡与之结盟的利弊，判断自己是否有阻止对方与竞争对手结盟的实力。

（8）是否知名企业？知名度越高的企业越信守和约。因此，通常国际上知名的跨国公司是首选供应商。

第十一章

库存管控
——提高库存周转率，才会更赚钱

一、什么叫库存周转率

库存周转率是指,某时间段的出库总金额(总数量)与该时间段库存平均金额(或数量)之比。

指在一定期间(一年或半年)库存周转的速度。

提高库存周转率,不仅可以加快资金周转,还能提高资金利用率和变现能力。

考核库存周转率,就能从财务角度计划预测整个公司的现金流,从而考核整个公司的需求与供应链运作水平。

二、库存周转率计算公式

库存周转率计算公式如下:

月库存周转率=该月的出库总金额(销售成本)÷该月的平均库存金额

月库存周转率=月出库数量(销售量)÷[(月初库存+月末库存)÷2]

年库存周转率=该年的出库总金额(销售成本)÷该年的平均库存金额

年库存周转率=年出库数量(销售量)÷[(年初库存+年末库存)÷2]

三、影响库存的因素

因素1：物料周转状态

物料周转状态是影响库存的主要因素之一。其具体分为以下几点。

（1）流动库存。即现在重复销售或使用的材料、零件、制品等库存。

（2）睡眠库存。即需要长期保存的库存。

（3）滞销库存。即陈腐化制品的材料及零件库存、设计变更前的旧材料及零件库存、不可能修整的不良品库存、品质劣化的库存、今后不可能再使用的库存货品及零件。

因素2：库存持有成本

库存持有成本源于一段时期内存储或持有的商品，基本上与所持有的平均库存量成正比。分为以下6种。

（1）空间成本。即因占用存储建筑内立体空间所支付的费用。

（2）仓储管理成本。

（3）能源、劳动力消耗成本。

（4）资金成本。即库存占用资金的成本。

（5）库存服务成本。即保险和税收。

（6）库存风险成本。即与产品变质、短少、破损或报废相关的费用。

因素3：运输、采购作业、缺货成本

运输、采购作业、缺货成本等都会影响库存。

（1）货物运输成本。货物运输成本是指收货地点的所有物料搬运或商品加工成本。

（2）采购作业成本。发出订货订单后，产生的一系列与订单处理、准备、传输、操作、购买相关的成本，主要包括：不同订货批量下产品的价格或制造成本；生产的启动成本；订单经过财务、采购部门的处理成本；订单传输到供应地的成本。

（3）缺货成本与失销成本。出现缺货时，如果客户收回他的购买要求，就会产生失销成本。该成本就是本应获得的这次销售的利润，也包括缺货对未来销售造成的消极影响。

（4）延期交货成本。如果延期交货不是通过正常的配送渠道来履行，而是由于订单处理、额外的运输和搬运成本而产生额外的办公费用和运作成本。

四、库存控制的基本方法

要想控制库存，可以采用以下方法。

方法1，定量订货法

定量订货法是指，当库存量下降到预定的最低库存量（订货点）时，按规定数量，进行订货补充的一种库存控制方法。其基本原理是：预先确定一个订货点和订货批量，在销售过程中，随时检查库存，当库存下降到一定量时，就发出一个订货批量，一般取经济批量EOQ（Economic Order Quantity）。

定量订货法的实施主要取决于两个控制参数，即订货点和订货批量。

（1）订货点的确定。订货点就是，在定量订货法中，发出订货时仓库里该品种保有的实际库存量。它是直接控制库存水平的关键。根据缺货期望值确定安全库存，根据缺货情况确定安全库存。

公式为：安全库存＝平均每日需要量 × 安全库存天数

（2）订货批量的确定。订货批量就是一次订货的数量。它直接影响着库存量的高低，也直接影响着物资供应的满足程度。在定量订货中，对于每个具体品种而言，每次订货批量都是相同的，通常以经济批量作为订货批量。

公式为：

库存总成本＝储存成本＋订货成本

方法2，定期订货法

定期订货法是按预先确定的订货时间间隔进行订货补充的库存管理方法。其基本原理是，预先确定一个订货周期和最高库存量，周期性地检查库存，根据最高库存量、实际库存、在途订货量和待出库商品数量，计算出每次订货批量，发出订货指令，组织订货。

定期订货法的实施主要取决于3个控制参数：订货周期、最高库存量和订货批量。

（1）订货周期的确定。在定期订货法中，间隔时间总是相等的。它直接决定着最高库存量的大小，即库存水平的高低，进而也决定了库存成本的多少。进货期的确定，方法有二：一个是根据经济批量确定订货周期；另一个是根据到货周期确定进货周期。

（2）最高库存量的确定。定期订货法的最高库存量是用以满足期间内的库存需求的，因此可以以期间的库存需求量为基础。然后，为随机发生的不确定库存需求，再设置一定的安全库存。

（3）订货批量的确定。定期订货法每次的订货数量是不固定的，订货批量的多少都由当时的实际库存量的大小决定。

方法3，物资需求计划（MRP）与采购批量

如何确定进货批量？按需定量(Lot-for-Lot)。该方法适合贵重、保质

期短、体积大的商品。这里,有两个问题需要解决。

首先,如何强化供应链管理,有效控制库存和提高库存周转率呢?

(1)搞清楚供应链跨部门、跨岗位的协作对库存管理的意义。

(2)为降低库存和加快库存周转率,解决供应商开发与管理、计划、采购、质保和仓储存在的关键问题。

其次,如何通过强化供应商管理与整合,改进供货方式、提高服务水平,降低库存?

(1)整合供应商,推行系统供货,提高配套性。

(2)实施以用户和供应商双方都获得最低成本为目的,在共同协议下由供应商管理库存,来降低资金占用和防止缺货。

(3)实现准时制库存管理(JIT)供货,以降低库存。

(4)实现与供应商信息共享,以信息代替库存。

五、强化供应链管理,有效控制库存和提高库存周转率

库存周转率是指在一定时间内,仓库货物销售或消耗的速度。它是衡量仓库管理水平的重要指标之一,与公司的运营效率和盈利能力密切相关。库存周转率越高,说明仓库的进销存管理越高效,资金流转速度也越快。那如何提高库存周转率呢?

1.将库存量控制在最低范围内

采购部门可以根据每月的销售计划,在保障正常销售的前提下,制订一个按照销售额不同变化需求进行采购商品的采购计划。

提高各部门的代销或联营专柜供应商的数量。代销/联营商品实行不计库存或入库处理,就能降低公司整体库存金额。联营商品不入库很好操

作,但代销商品操作需信息部的配合;另外,代销所属的类别商品只能限于茶叶、家用百货或其他二三线品牌商品,且有一定的数量控制,否则不利于管理。

根据一定时期的销售量,制定一个合理的商品类别库存量,将商品的周转快慢分成A、B、C三类。A类商品的合理库存量为3~7天的销售量;B类商品的合理库存量为7~10天的销售量;C类商品的合理库存量为10~15天的销售量。

2. 加快单品库存的周转次数

采购员应制定一个完成销售额所属商品的月销售量指标;完成毛利率的商品一个月利润额度指标;商品用来充量完成销售额实行的是薄利多销(有的商品甚至是零毛利或负毛利)。通常,用来实现销售毛利的商品是二三线品牌商品,是更换淘汰最快的商品。

3. 滞销商品的优胜劣汰

根据每月销售报表,采购员将自己负责的类别商品,在销售排名中(每个类别)的最后10位或20位实行淘汰,也可以要求供应商协作,给销售不畅商品提出解决方案。例如,要求供应商降价促销、搞丰富多彩的促销活动等。

4. 提高商品的销售额

比如,主动引导周边市场进行价格竞争;加价毛利率控制在合理范围内;建立一支独立、专业、高效的团购销售队伍;制订会员积分返利计划;开展丰富多彩的优惠促销活动;其他有利于销售的方案。

5. 严格控制商品SKU总数

具体方法如下。

商品的库存数量,在一般销售时段或季节需严格控制在规定范围内,要对即将到季或过季商品或商品有效期即将到期又不能退货的商品,提前进行清仓或降价处理。

商品的库存数量确实需增减的，只能在 10% 以内的范围内作相应调整。

制定一个详细周到的降价处理商品的原则和程序。

新商品的引进或有销售潜力商品的开发，需要对该类别内的商品进行相应的清场处理。

提高订货频率，实行少量多次操作策略。

达到供应商的最低送货标准，是少量订货的前提。

某些达到一定量才享受的订单折扣，可以实行订量总额不变、分单送货的原则。

销售较快的商品。可以实行随时库存不足、随时订货、随时送货的原则。

充分考虑供应商与公司达成的所供应商品 SKU 数量与送货成本之间的关系。

综上所述，库存周转率的提高是各部门共同努力的结果，为了提高库存周转率，管理者要在执行前统一各部门思想，沟通共享相关信息。

第十二章

人才培养

——降本增效的关键在于人

一、人才的定义

究竟何为人才？笔者认为，人才，是指具有一定的专业知识或专门技能，进行创造性劳动，并对社会做出贡献的人，是人力资源中能力和素质较高的劳动者。具体到企业中，包括经营人才、管理人才、技术人才和技能人才。

1. 经营人才

经营人才是指企业的负责人和部门负责人。

2. 管理人才

管理人才是指有广博知识和社会经验的人才，深刻了解人的行为及其人际关系的人才，具有很强组织能力和交际能力的人才……他们不但了解为什么做，还能把握行为变化，调动一切资源去完成目标。

3. 技术人才

技术人才是指掌握和应用技术手段为社会谋取直接利益的人才。由于技术人才的任务是为社会谋取直接利益，因而他们常处于工作现场或在生产一线。

4. 技能人才

技能人才是指在生产技能岗位工作，具有高级技能等级或具有专业技术资格的人员。

二、人才梯队的培养路线

人才梯队建设是企业实现持久竞争优势的关键因素之一。通过精准定位、挑选潜力人才，量身定制、提高人才价值和营造归属感、降低人才流失等措施，企业可以构建高效的人才梯队。

人才梯队建设具体方法如下。

1. 建立"台阶"机制

根据公司人才战略规划，拟定决策层培养对象、中层培养对象、基层培养对象，并根据工作属性划分为行政管理方向、技术研发方向、生产制造方向、市场营销方向等，制定好职位序列图，便于员工有的放矢，阶段进步，形成科学的人才梯队。

2. 明确使用机制

充分开放员工潜能，让其由不胜任到快速胜任。企业要善于利用人才的长处，对员工多进行激励。特别是"80后""90后"群体善于创新，思维敏捷，要为他们提供广阔的平台，充分发挥其聪明才智，发挥其主观能动性，要不拘一格、大胆任用，用人所长。

3. 建立沙龙和俱乐部

要鼓励头脑风暴，打造一支年轻有为的高凝聚力的团队。团队学习的效率是最高的，团队学习一方面可以实现相互启发、相互交流、相互促进的效果；另一方面，公司中80%以上的管理问题都与他人相关联。因此，最好的办法就是与"当事人"一起探讨解决问题的办法。因此，上下级之间、部门成员之间要结成学习小组，与经常打交道的部门一起学习，定期讨论，轮流发言，换位演练。

4.优胜劣汰

要打破论资排辈，实现能者上、庸者下的人才机制。引用"鲶鱼效应"，培养员工的竞争意识和危机意识，发挥后来者和年轻人的聪明才智，使适者生存，不适者被淘汰，让合适的人在合适的岗位上负责合适的事，人尽其才，优胜劣汰。

三、人力资源规划

人力资源规划的主要内容如下。

1.选人

为了更好地应对关键人才危机，提高其在人才市场上的竞争力，首先就要吸引关键人才。

（1）创建目标价值主张和用户画像。在竞争激烈的市场中，一致的雇主品牌形象至关重要。雇主制定"目标价值主张"，就可以弥合雇主品牌一致性与更贴近实际目标受众属性之间的潜在差距。另外，创建与关键人才受众需求更加贴近的用户画像，包括典型背景、行为、偏好、价值观和个性，可以让组织在招聘营销中与众不同，从而提高吸引力和竞争力。

（2）思考目标人才定义和职位描述。在竞争非常激烈的人才市场上，为了吸引关键人才，需要重新思考目标人才的定义和职位描述。比如，聚焦潜力，不仅要关注学历和经验，更要考虑候选人的潜力和发展能力；不仅要探索相邻人才池，扩大招聘范围，考虑具有不同背景和技能的人才，还要重新构思职位描述，关注候选人的技能与能力。

（3）明确选拔标准。企业应制定清晰的选拔标准，包括基本资格、专业技能、领导潜力和价值观契合度等。这些标准应根据企业的战略目标和业务需求进行调整和优化。

（4）评估现有员工。通过评估现有员工的能力和表现，企业就能更好地了解员工的优势和不足，以及他们与岗位的匹配程度，从而更准确地识别有潜力的员工。

（5）多维度选拔。为了确保选拔的公正性和准确性，可以采用多种选拔方式，如面试、笔试、评估中心和背景调查等。同时，还可以通过多种方式全面考查候选人的综合素质和专业技能。

（6）内部推荐。建立内部推荐机制，鼓励员工推荐优秀人才，不仅可以发掘企业内部潜力人才，还可以增强员工的归属感和参与感。

（7）最大化提高员工倡导力和推荐效果。发挥员工倡导力，是关键人才招聘的一个重要策略。为了实现这一目标，企业可以培训品牌大使，提高他们的职业形象和参与度，以吸引优秀候选人。而促进员工推荐是另一个重要的人才招聘策略。多数人才目标是知识工作者，他们往往与专业领域内的其他人有很好的关系网，公司完全可以利用这些潜在候选人的资源。比如，让员工邀请他们想要推荐的人参加聚会。

（8）确保候选人和员工体验，兑现组织承诺。如果体验与承诺相差甚远，金钱就毫无意义。候选人和员工体验符合组织的承诺至关重要。在应聘者、入职和员工体验方面，采用与客户体验相同的思维方式，确保体验真实和有效，并与雇主品牌承诺一致。

2. 育人

韦尔奇说"人才培养不只是一门科学，更应该是一门艺术"，那企业如何育人呢？

（1）为员工提供广阔的舞台，和员工共同制订职业生涯规划。职业生涯规划不仅可以使个人在职业起步阶段成功就业，在职业发展阶段走出困惑，到达成功彼岸；对于企业来说，良好的职业生涯管理体系还可以充分发挥员工的潜能，给优秀员工一个明确而具体的职业发展引导，从人力资本增值的角度达成企业价值最大化。企业要帮助员工做好职业方向、发展方向的选择。帮助员工设计他的职业生涯发展方向，也包括根据这个员工的职业发展方向的选择，重新设计他的岗位，这就是指将合适的人用在合适的岗位上，是企业管理的一个原点理念。

（2）为员工提供培训，促进其向"复合型"人才快速发展。企业发展需要专项高手，更需要综合通才，因此，"复合型"人才，多能手的素质更能决定企业的未来。企业要根据公司未来发展需求，设计年度育人计划，来加强对员工复合型方面的培训，以促进其德智体美劳全面发展。员工培训在战略制定上要做到形式多样性，包括脱产、半脱产、循环授课、现场培训、跟岗实习、导师带教、技术交流等；在培训层次上，要做到"多"，包括特种作业、岗位培训、技能等级、项目综合、专业技术、管理技能和任职资格培训等多层次。坚持专业技能培训与素质能力培训相结合，在培训计划制订前做好调研以及需求分析，培训过程中注重全员性、全方位和全程性管理，培训结束后及时总结、分析和改进，积累经验、优化管理，以确保"对象合适、内容适合、组织有序、效果理想"。

3. 用人

什么样的员工是企业所急需的？什么样的员工是领导所期望的？企业用人的3个原则：执行力、专注度、责任心！

第1原则：执行力强

好的员工永远是执行力强的员工。原因有二。

（1）无规矩不成方圆。企业是独立核算盈亏的单位，必须考虑到盈利，这也是企业生存和发展的根基。但企业要想盈利，就要设立各种规章制度，形成独特的企业团队文化，要求全体员工围绕着同一个目标前进。

企业必须先确保自己的核心价值观和企业文化不被打破。

（2）激烈竞争的市场环境，个人英雄主义不再盛行，企业都强调团队作战。事实上，也只有团队作战，企业才能在激烈竞争的环境中生存下来。而要想实现团队作战，就要求团队员工强化执行力，统一步调，统一行动，否则企业就会被淘汰。

第2原则：专心工作

对于多数人来说，聪明才智都属一般，因此也很难做到"一心二用"。"专心工作"是好员工必备的一项素质。大体来说，员工专心工作表现在以下两点。

（1）定岗定员，各负其责。员工都有自己最核心的、最专一的，也是唯一的工作，在自己的岗位上，员工就要发挥自己所有的聪明才智，做好本职工作。

（2）聚焦80%的精力从事最本职的工作。员工都有各种烦琐的杂事，但作为一名好员工，必须学会"20/80"原则，即将宝贵的时间和精力聚焦到最核心的、最本职的工作上，来创造出真正大的价值和效用，从而为企业多做贡献。

第3原则：勇担责任，主动暴露问题

企业喜欢的员工，永远都是勇于承担责任的员工，因为他们有自信、有魄力、能带动其他成员共同成长。这样的员工，上级放心，下属拼命，始终会受到企业的青睐。

企业还喜欢敢于主动暴露问题、尽快将问题解决的员工。遭遇问题或困难时，能够主动、及时暴露出来，拒绝遮遮掩掩，分析问题并快速解决问题，同时总结、反省和提高，提高学习能力和解决问题的能力，这样的员工才能越走越顺。

4. 留人

企业要想留下优秀人才，可以这样做：

（1）制定薪酬福利策略。为了吸引和留住优秀人才，不仅要制定具有竞争力的薪酬福利策略，确保员工的薪酬与市场水平相当或更高，还要提供多元化的福利措施，如健康保险、年假、员工福利计划等。

（2）确立激励与奖励机制。实施激励和奖励机制，包括奖金、股票期权、晋升机会等，可以激发员工的工作积极性和创造力，提高他们的工作满意度和忠诚度。

（3）搞好企业文化建设。培养积极向上的企业文化，营造开放、包容、创新的工作氛围，以增强员工的归属感和忠诚度，降低人才流失率。

（4）打通职业发展规划与晋升通道。与员工共同制订职业发展规划，明确晋升路径和所需的技能与经验，设计多层次的晋升体系和晋升机会，让员工看到自己在企业中的未来，并为他们提供明确的职业发展目标。

（5）优化反馈与沟通机制。建立有效的反馈和沟通机制，定期与员工进行绩效面谈、360度反馈等，来及时提供反馈和指导。通过有效的沟通机制，了解员工的期望和发展需求，可以提高员工的工作满意度和忠诚度。

（6）和谐员工关系，关爱员工。关注员工的工作满意度和福利需求，及时解决员工的问题和纠纷。通过实施员工关系关爱措施，来增强员工的归属感和忠诚度，以降低人才流失率。

四、人才培养体系建设经常遇到的问题

在建设人才培养体系的过程中，经常会遇到这样一些问题。

（1）缺乏战略性梯队人才储备，培养体系与组织战略不匹配。

（2）尚未确定各岗位究竟需要哪些培训课程。

（3）无法确定培训后员工行为的改善程度，无法与绩效考核挂钩。

（4）培训没有与轮岗实践、在岗辅导和自我学习等其他人才培养方法结合起来。

（5）核心课程不是基于本企业业务或行业案例开发的，学过之后很难直接应用到实际工作中。

（6）没有建立内部培训师培养体系，主要依靠没有行业经验的外部培训师。

五、建立人才培养体系的关键

要想建立人才培养体系，就要注意这样几个关键。

关键1，建立岗位—能力—课程对照体系

（1）各岗位所需的能力

①不知道各岗位所需的能力，就无法确定需要培养哪方面能力的课程。

②对比岗位—能力要求，对岗位人员进行测评，以确定哪种关键能力需要培养，并确定培训目标。

③对比能力—课程要求，明确各种能力应通过学习什么课程来提高。

（2）能力的5个级别

员工能力的级别分别如下。

①基本理解——学徒，岗位的新手，能力的基础级别，只要求掌握最基本的岗位能力，在监督和辅导下工作。

②工作知识——发展，进步，理解工作对个人的要求，能够有效完成

工作中已经界定的职责。对于技术方面的能力,仍需要帮助和监督。

③能够胜任——精通,能够满足工作的高水准要求,可以自主工作并承担责任,具有灵活性。

④出色完成——能够辅导别人,并提供解释和示范,给予反馈,有更加广阔的视野,能够解决重要的业务和人员问题,可给别人提供支持。

⑤角色典范——值得别人仰视,具有与众不同的品质,别人渴望效仿,有新的倡议,有战略和工作方法,能够影响别人,建立合作的商务关系。

关键2,做好经验萃取,建立核心课程开发系统

（1）对部分核心课程以本企业或本行业的案例为基础进行设计开发,有利于学员将理论与实践结合起来,提高关键绩效指标达成率。

（2）核心课程的设定有利于企业文化传递、战略传承、企业变革管理、业务流程优化、持续过程改进,同时也有利于员工养成正确的行为习惯,规范企业沟通语言。

关键3,良将如云,弓马殷实——内训师培育系统构建

（1）内部培训师比外部培训师更了解企业情况。

（2）内部培训师是企业建立学习型组织的关键力量。

（3）内部培训师比其他员工更关心企业的未来,是企业创新和变革的种子。

（4）内部培训师也可以节省培训成本。

关键4,建立特殊与关键人才培育体系

（1）高级人才代表企业的核心竞争力。通过高级人才的完善、发展、延续企业文化的核心内涵,可以保持企业的可持续发展。

（2）潜在人才是企业高级人才的后备力量。丰富的潜在人才储备,不仅可以稳定企业的业务发展,还可以支持企业的战略导向。为潜在人才提

供富有挑战性的发展空间与快速提高的培训通道，进而推动中层次人才的储备。

（3）将新员工中的极少部分具备良好的知识基础及发展潜质、认同企业文化并有意愿长期为企业服务的人，纳入备选人才库，为他们设计特殊的发展计划，并将他们作为潜在人才的最大来源。

六、建立基于才能的人才培养体系

建立基于才能的人才培养体系，基本设计思路如下。

1. 服务现在

目的是使目前的培训工作更有序。培训工作的重点内容是，使现有的人员能够胜任目前的工作，使培训工作能够有计划、有系统地完成。该基本平面包括培训制度体系、培训资源体系和培训运作体系。

2. 面向未来

在确保能解决目前人才培养问题的同时，要注重对企业未来所需人才的培养。体系设计，要以企业的发展战略为导向，使人才培养体系符合企业长期发展的要求。

3. 重视操作

借鉴培训体系中的先进经验，根据企业的实际情况，进行量体裁衣的个性化再设计，使建立的体系既有先进性又具备实操性。

第十三章
设计降本
——降本是系统设计出来的

一、何为设计降本？

在激烈的市场竞争中，企业要想在行业中立于不败之地，就要不断寻求降本增效的方法。

降本理念作为企业管理中的一项重要策略，正在被越来越多的企业重视和采纳。它的核心是通过创新设计和流程优化，降低产品或服务的生产成本，提高生产效率，从而提高企业的盈利能力。

产品设计可以决定产品生产制造阶段至少 70% 的成本。在设计环节降低产品的生产成本，是生产制造型企业必要的降成本思维。企业要想合理地降低产品设计生产成本，需要满足以下 3 个条件。

条件 1：成本控制

成本是工业产品设计比较核心的部分。成本水平很大程度上决定了公司的利润率。成本控制从设计产品开始的时候就要着手。在设计产品结构时，应从成本方面考虑以下几个方面。

（1）在满足功能的前提下，公司可以选择价格低廉的材料。

（2）在满足外观的前提下，尽量减少零件数量。

（3）为了节省模具成本，产品设计可以尽可能简化结构。

（4）为了节省生产和组装成本，要选择适当的固定方法。

（5）为了节省处理成本，使用适当的表面处理方法。

（6）尽可能地使用公司现有的材料，并尽可能地统一材料规格，如统一螺丝类型。

条件 2：简化模具

（1）设计产品时，在满足产品基本要求的前提下，可以简化模具。

（2）设计完成后，要使用模具来形成产品。

（3）在设计过程中，要确保可以通过模具制造产品。要了解模具的基本结构、产品的成型方法、出模方式等。只有这样，公司才能尽可能简化模具的结构。

条件3：结构简单

（1）在满足产品功能的前提下，产品结构设计越简单，模具制造就越容易，出现的问题也就越少。产品结构设计中不允许有多余的结构，否则会浪费公司的设计时间，同时会增加模具加工难度和浪费材料。

（2）在产品结构设计过程中，要完成所需的结构，而不必完成可选的产品结构设计，需保证每种结构都有用，包括每个扣环、每个加强连接等。

二、产品的成本是设计出来的

简化设计，降低设计复杂度

为了降低成本，可以把不必要的功能和特性去掉，简化产品，如减少零部件的数量、简化产品的结构、设计出更易制造的产品等。

极简的设计符合当下人们在喧嚣与忙碌的工作生活中，内心所向往追求的一种朴素、宁静、亲切的现代生活方式，将产品造型设计得简约而不简单粗糙，将材质天然、结构精巧、品质优良且经久耐用的设计理念传递给消费者，给消费者传达一种新的生态环保的理念，更加注重人性化、情感化的设计，就能为消费者带来更加优质舒适的用户体验。

1. 极简设计的内涵

极简设计，将线条、平面和体块等元素进行合理有序的归纳、组织与整理，在造型、材质及色彩上进行简化，使之呈现出简约的效果，能更好地满足现代人对产品在视觉上的感官效果和心理需求。

（1）功能美在极简设计中的体现。在产品的设计中，实用、美观是两个缺一不可的要素，只有产品充分体现这两个要素，才能受到广大用户的欢迎。极简设计的功能美，是以材料、结构、装饰、工艺、造型等元素组成的，以功能作用为基础，跟与之相适应的产品形态共同形成的审美感受。功能美是产品与人相互关系间的最优化的体现，可以让使用者在使用过程中产生愉快的心情，并积极主动地去使用。

（2）意境美在极简设计中的体现。意境是基于中国美学思想范畴，在情景交融的基础上，展示无限想象空间的境界。简约充满了创造性，通过对造型抽象的提取，可以表达含蓄的情感，传达出抽象的美。在设计过程中，强调意象造型空间的能力，抓住设计的本质，适时减少、巧妙留白，以少胜多，就能体现更简洁、耐人寻味的虚实美和空灵美。

（3）技术美在极简设计中的体现。不要纯粹以个人感受为出发点来进行创作，要在科学和理性并存的方式下，以标准化和统一化为设计准则，来追求技术美。在设计上，要强调功能、非装饰性、高度理性、形式简单，将产品的技术美着重体现在实用、经济、美观的协调统一上。

2. 极简在产品设计中的应用

（1）造型简约。在产品设计中，要追求以简约为主，以少量的造型元素设计出具有美感的产品形态，使产品的整体造型给人以简洁感，便于用户使用，突出极简的功能及简洁精致的造型。

（2）以人为本。极简对特殊人群的设计有着独特的优势，一些特殊人群需要在第一时间使用到产品的功能性，将自身功能作为主要的设计点，并通过技术功能等形式表达出来，用户就能进行无障碍的使用。

（3）细节表现。极简并不能一味地为了简化而简化，要防止表现出粗糙的质感,要巧妙地对产品进行合理化且优良的设计,在产品细节上体现出人文关怀,注重日常生活的习惯及容易忽视的习惯,表现细节处理上的精致。

采用模块化设计

模块化既是一种设计方法,也是一种思维方式,更是一种降本增效的良策。

模块化设计可以方便地组合出不同的产品,以少量的模块组成尽可能多的产品,来满足用户需求,打造个性化产品,并构成不同的产品设计方法。

1.何为模块化设计

模块化设计,不仅可以解决复杂系统的设计和定制问题,还可以提高协作效率和一致性,尤其是在平衡复杂系统和工期方面更有效。它的核心思想是"分而治之",即将一个复杂的组织系统分解为一系列相对简单的模块,来更好地理解和优化。模块化设计的优势在于以下方面:

(1)降低复杂度。将复杂的组织系统分解为一系列相对简单的模块,可以降低产品设计的复杂度,使产品设计更加容易理解和优化。

(2)提高灵活性。模块化设计可以使产品设计更加灵活,从而让企业能够快速响应外部环境和内部变化。

(3)促进创新。模块化设计鼓励局部创新,每个模块的设计和实现都可以独立进行,从而能加速创新的产生和实施。

(4)简化管理。将产品设计分解为一系列相对独立的模块,能使产品设计更加容易管理和优化。

2.模块化设计的步骤

第1步,归类

将不同类的事物按照共性进行分类,例如,单选题、多选题和判断题都属于客观题的范畴。

第2步，抽象

从具体事物中提取出其本质特征或属性。例如，单选题被定义为"拥有4个选项，答案唯一的题目"，多选题则被描述为"拥有4个选项，每个选项之间存在确定的关系，答案由用户勾选"，判断题则被解释为"拥有2个固定选项，答案为是或否"。

第3步，联系

完成对需求的归类和抽象后，需要解决它们之间的联系问题。具体来说，需要确定各模块之间是否存在依赖关系，以及数据是如何在这些模块之间流动的。这些问题对于构建一个稳定、可扩展的系统至关重要。

采用标准化设计

采用标准化设计，也是降本增效的一个好方法。

标准化设计是指在一定时期内，面向通用产品，采用共性条件，制定统一的标准和模式，开展适用范围比较广泛的设计。该方法适用于技术上成熟、经济上合理、市场容量充裕的产品设计。

1.标准化设计的优点

采用标准化设计，主要有这样几个优点：

（1）设计质量有保证，有利于提高设计质量；

（2）可以减少重复劳动，加快设计速度；

（3）有利于采用和推广新技术；

（4）便于实行构配件生产工厂化、装配化和施工机械化，能提高劳动生产率，加快建设进度；

（5）有利于节约建设材料，降低工程造价，提高经济效益。

2.标准化设计的内容

标准化设计的内容可以分为4类。

（1）国家标准。该标准对全国工程建设具有重要作用，是跨行业、跨地区、必须在全国范围内统一采用的设计，由主编部门提出，报国家主管基本建设的综合部门审批颁发。

（2）行业标准。对没有国家标准而又需要在全国某个行业范围内统一的技术要求，可以制定行业标准(含标准样品的制备)。制定行业标准的项目由国务院有关行政主管部门确定，并编制计划，组织草拟，统一审批、编号、发布，最后报国务院标准化行政主管部门备案。行业标准分为强制性标准和推荐性标准。

（3）地方标准。主要是在本地区内必须统一使用的设计，由省、自治区、直辖市主管基本建设的综合部门审批颁发。

（4）企业标准。企业根据国家、行业以及各地区的标准，结合自身情况和市场实际需要制定的设计标准。

三、优化设计管理

要想做好设计管理，需要重点关注以下几方面的内容。

1. 降低材料成本

在制造型企业，多数产品成本中，材料成本占60%以上，机械行业、五金制造等行业，材料成本更占了绝大部分，降低材料成本的重要性可见一斑。因此，要想降低产品成本，企业就要选择便宜的材料，或寻找供应商提供的更便宜的替代材料。

企业要综合考虑料、工、费等方面，优化采购、管理库存、减少浪费、提高效率等，来有效降低材料成本，提高竞争力。同时，持续的成本控制意识和不断改进的成本管理方法也是降低设计成本的关键。那如何才能有效降低材料成本呢？下面就从材料在工厂的不同阶段来说明。

表13-1　在不同阶段如何降低材料成本

阶段	说　明
设计阶段	设计过程中要尽量利用通用材料，增加库存的利用和周转，利用现有的设备和模具，提高生产效率，使产品的品质得到保证 A.减少浪费。鼓励设计者减少材料浪费，并实施废物回收和再利用计划。此外，优化设计流程，降低废品率 B.材料替代。在不影响产品设计质量的前提下，寻找成本更低的材料替代品。进行成本效益分析，确定是否可以实现成本节约 C.设计成本控制。设计时要考虑易装配性，在不影响性能的情况下简化结构，减少小件物料和人员的投入 D.报废权限回收。设计部门要进行物料报废，需要部门成本负责人员签字才能报废 E.新员工入厂成本培训。新员工入职时进行成本管理意识培训，让他们树立起节约成本的思想，减少浪费
计划阶段	这里的计划包括两个方面：一个是指采购计划，另一个是指生产计划 A.采购计划。首先，制订采购计划时要考虑以下因素：现有库存有多少?在途材料有多少(已采购未入库)，什么时候到?已经下达的未完成的生产计划需要用的料是多少？什么时候需要?已经纳入计划的采购量有多少?已经纳入生产计划的产品所需要的材料用量有多少?……合理的采购计划能有效减少库存，降低材料成本 B.生产计划。采购计划是根据生产计划来制订的，那么，如何合理安排生产计划呢？保证订单的交货期；保证生产均衡且产能能够满足生产需要；保证生产批量效率最高，不会因为批量的不合理而导致多次换模或增加其他时间和单件加工时间
使用阶段	使用阶段材料的成本控制主要是指减少浪费。实际作业过程中，经常会出现超出标准用量的情况，具体原因有：标准用量不标准，车间按标准用量领料不够需要多次领料，或多了需要退料，这种情况多了，车间可能就会不按标准用量去领料了；车间材料的领用未按生产计划单据领，或即使按单领了，在实际使用过程中各单据之间的料互相挪用，账目不清，不够了再去仓库领，但实际上车间可能还有；直接浪费，如丢失或报废 针对以上三种情况，要想降低材料成本，首先是要建立车间材料领用的流程和制度，规范领料行为；其次要建立异常处理机制，确定该种情况发生时应该如何处理。另外，还要借助ERP的管理工具，控制领料的数量和规范挪料的行为

续表

阶段	说　明
保管阶段	主要是指仓库保存阶段。库存阶段主要从以下几个方面来降低成本：（1）库存呆滞料的控制；（2）库存周转率的提高。对于呆滞料，要先分析其产生的原因，如订单取消；计划不准导致等原因采购部门多采购；供应商多送货；库存不准，需要物料的时候没有导致重新订购；工程变更，某些材料使用不上了

2. 设计人员成本控制

人工成本是工厂的另一项主要支出。为了控制设计人员的成本，可以这样做。

（1）提高效率。通过培训和技能提高计划，提高设计者的工作效率。引导他们合理安排工作流程，以减少不必要的工作步骤和时间浪费。

（2）人力规划。根据生产需求，合理规划设计者数量和工作安排。避免过度雇用或人力不足的情况，以提高设计效率。

（3）自动化与技术应用。引入自动化设备和先进的生产技术，减少对设计人员的依赖，能提高生产效率，同时降低人工成本。

（4）绩效管理。建立有效的绩效考核体系，激励设计者提高工作绩效。奖励优秀设计者，同时对表现不佳的设计人员进行辅导和改进。

当然，除了设计材料和人工成本，还要控制其他费用。

（1）能源管理。加强对能源的使用管理，安装节能设备，并培养设计者的节能意识，以降低能源消耗和费用。

（2）设备维护。定期进行设备维护和保养，能延长设备寿命，减少设备故障和维修费用。

（3）费用预算。制定详细的费用预算，严格控制设计费用的支出，对超预算的费用进行深入分析和控制。

（4）成本分析与监控。建立成本分析体系，定期对设计成本进行监控和分析，及时发现成本异常情况，并采取相应的控制措施。

3. 优化设计流程

优化设计流程是企业实现高效生产的关键步骤。为了使设计效率得到进一步的提高，必须对以前的设计过程进行改进和优化，通过剔除那些不能带来价值的设计环节，可以提高设计团队的整体效率。

以下是一些建议。

（1）科学安排设计规划。从企业生产管理的视角讲，均衡的设计规划能够充分发挥生产制造系统软件的效率，因此要科学安排设计规划和工作人员，不能忽冷忽热，想起来就构思一下，想不起来就放到一边。

（2）做好计划、实施、检查、反馈的管理循环。尤其是计划，要想降低设发过程中的异常与损失，通常的做法是，提前做好系统的"热身运动"，把设计管理、项目管控、关键里程碑等计划做充分，方案做透彻，预案做足，以减少设计过程可能会遇到的问题。

（3）提高设计人员工作效率。提高设计人员工作效率共包括两个内容：一是提高全职设计师的工作效率，二是提高兼职设计师的工作效率。

（4）减少多余的步骤和工具。在设计产品的过程中，需要将一些材料搬来搬去，而这样会延长设计时间和周期，产品成本也会提高。要想改变这类现象，就要提前准备好设计所需要的材料，不要重复多余的步骤，不要胡乱使用各类设计工具。

第十四章
数智转型
——企业数智转型，提高企业自运营能力

一、数字化转型的定义及特征

数字化是将许多复杂多变的信息转变为可以度量的数字、数据,再以这些数字、数据建立起适当的数字模型,把它们转变为一系列二进制代码,引入计算机内部,然后采集、存储、挖掘、分析、利用和共享。

企业数字化转型是指通过深度应用新一代数字技术,构建全感知、全连接、全场景、全智能和全价值的数字世界,来推动企业组织、技术的融合和跨界创新,从而让企业实现高质量发展。

1. 企业数字化转型的内容

企业数字化转型通常是指,企业从业务、管理,到运营的全面信息化。与传统企业信息化相比,数字化代表的是一种融合、高效、具有洞察力的企业运营模式。具体体现形式是,行业软件将云计算、大数据、人工智能、物联网等数位技术串联起来,应用到企业业务、管理和运营中。

企业数字化转型的内容主要体现在以下方面。

(1)业务数字化。它是指技术和数据驱动的业务创新,数据驱动企业为客户提供个性化服务,让技术实现高效、多渠道交互,典型场景是业务在线化、移动化、电商商务以及大数据、人工智能等新技术在业务中的运用。这是数字化从业务模式上对传统行业的颠覆。各类线上购物平台,都开启了个性化推荐功能,极大地满足了人们的个性化需求,这是对传统门户站点的颠覆,也是企业进行数字化转型的重大进程。

(2)管理数字化。它本质上就是流程信息化,以企业资源计划(ERP)、办公室自动化系统(OA)、人力资源系统(HR)为代表。企业要与各咨询企业配合做管理信息化，流程再造，改进传统的管理模式，以适应企业数智化转型的要求。

（3）运营数字化。它是指企业通过积累数据资产，依靠数据和技术驱动、营销等吸引客户并维持运营。这不仅可以提高企业获客效率、降低企业获客成本，还可以帮助企业构建极致的客户体验，增强客户忠诚度，挖掘客户的潜在的长期价值。核心解决方案是客户关系管理（CRM）。数字化转型的关键是客户本身，要以客户需求为导向，以客户的持续运营为承接点，即企业要从"以产品为中心"向"以客户为中心"转变。

2.企业数字化转型的典型特征

企业数字化转型，具有以下几个特点。

（1）标准化。标准化是基于企业的完整性运营角度出发，不仅涉及企业的营销、研发、制造、运营、维护、采购等各环节，还涉及企业全生命周期的数据标准，以及标准化系统的建设。

（2）流程化。流程化涉及营销、生产、质量、安全、采购、成本、业务等全过程。通过线上线下全环节进行数字化流程管控，对企业各业务数据进行结构化、模型化、流程化等处理，就能实现企业管线业务信息的数字化管理。

（3）可视化。通过可视化，可以实现企业各类业务数据、风险合规数据、证据链完整性和运行参数、收支业务等信息的多维度查询。这类数据的可及性和可应用性，需要以图形、图像、视频、图表分析等可视化方式展示。

（4）智能化。智能化是根据企业营销的特殊性和产品以及服务模式的本质属性，按照线上与线下融合，产品与服务融合，营销与供应商一体化等模式，实现常态运营中的营销统计、生产运行、业务管理和采购管理，并做好企业的内控风险管理，对业务和财务协同进行优化、预测、预警、预知和联动。

（5）自动化。所谓自动化，就是基于企业风险管控的对证据链、分析多维度、管理维度分析的自动化控制，形成风控合规，以及监控系统的自动化。

二、用智能制造的关键技术助力企业数字化转型

智能制造是一种由智能机器和人类专家共同组成的人机一体化智能系统，它能进行智能活动，诸如分析、推理、判断、构思和决策等。通过人与智能机器的合作共事，去扩大、延伸和部分地取代人类在制造过程中的脑力劳动，更新制造自动化的概念，并将其扩展到柔性化、智能化和高度集成化。

智能制造，源于人工智能的研究，一般认为智能是知识和智力的总和，前者是智能的基础，后者是指获取和运用知识求解的能力。

1. 智能制造五大特征

智能制造包括智能制造技术和智能制造系统，智能制造系统不仅能在实践中不断地充实知识库，还具有自学习功能，可以搜集与理解环境信息和自身的信息，并进行分析判断和规划自身行为。

（1）生产现场无人化。工业机器人、机械手臂等智能设备的广泛应用，使工厂无人化制造成为可能。数控加工中心、智能机器人和三坐标测量仪及其他柔性制造单元，让"无人工厂"更加触手可及。

（2）生产数据可视化。当下信息技术渗透到制造业的各个环节，条形码、二维码、RFID、工业传感器、工业自动控制系统、工业物联网等技术的广泛应用，让数据也日益丰富，在这一情景下对数据的实时性要求也变得更高。企业应顺应制造的趋势，利用大数据技术，实时纠偏，建立产品

虚拟模型以模拟并优化生产流程，降低生产能耗与成本。

（3）生产文档无纸化。传统制造业，在生产过程中会产生繁多的纸质文件，不仅产生了大量的浪费现象，也存在查找不便、共享困难、追踪耗时等问题。实现无纸化管理之后，在生产现场工作人员就能快速查询、浏览、下载所需要的生产信息，减少了纸质文档的人工传递和流转，杜绝了文件和数据丢失，进一步提高了生产准备效率和生产作业效率。

（4）生产过程透明化。在机械、汽车、航空、船舶、轻工、家用电器和电子信息等行业，企业建设智能工厂的模式，可以推进生产设备（生产线）智能化，拓宽产品价值空间，提高生产效率和产品效能，从而实现价值增长。

2.智能制造的关键技术

智能制造的关键技术包括以下方面。

（1）智能决策。企业在运营过程中，会产生大量的数据，如合同、回款、费用、库存、现金、产品、客户、投资、设备、产量、交货期等。这些数据一般是结构化的数据，可以进行多维度的分析和预测。同时，应用这些数据还可以提炼出企业的关键绩效指标（KPI），并与预设的目标进行对比。

（2）智能管理。制造企业核心的运营管理系统，包括人力资产管理系统（HCM）、客户关系管理系统（CRM）、企业资产管理系统（EAM）、能源管理系统（EMS）、供应商关系管理系统（SRM）、企业门户（EP）、业务流程管理系统（BPM）等。实现智能管理和智能决策，最重要的条件是基础数据准确和主要信息系统无缝集成。

（3）智能物流与供应链。制造企业内部的采购、生产、销售流程等都伴随着物料的流动，因此，越来越多的制造企业在重视生产自动化的同时，也越来越重视物流自动化。自动化立体仓库、无人引导小车、智能吊挂系统得到广泛的应用；而在制造企业和物流企业的物流中心，智能分拣系统、堆垛机器人、自动辊道系统的应用日趋普及。

（4）智能研发。企业要开发智能产品，需要机电软多学科的协同配合；要缩短产品研发周期，需要深入应用仿真技术，建立虚拟数字化样机，实现多学科仿真，通过仿真可以减少实物试验；需要贯彻标准化、系列化、模块化的思想，支持大批量客户定制或产品个性化定制；需要将仿真技术与试验管理结合起来，以提高仿真结果的置信度。

（5）智能车间。一个车间通常有多条生产线，要实现车间的智能化，需要对生产状况、设备状态、能源消耗、生产质量、物料消耗等信息进行实时采集和分析，来高效排产和合理排班，以提高设备利用率。因此，无论哪个制造行业，制造执行系统都是企业的必然选择。

（6）智能工厂。一个工厂通常由多个车间组成，大型企业有多个工厂。作为智能工厂，不仅生产过程应实现自动化、透明化、可视化、精益化，产品检测、质量检验和分析、生产物流也应当与生产过程实现闭环集成。

（7）智能产品。制造企业应该想办法在产品上加入智能化的单元，以提高产品的附加值。典型的智能产品包括智能手机、智能可穿戴设备、无人机、智能汽车、智能家电、智能售货机等。

（8）智能装备。智能装备是一种智能产品，可以补偿加工误差，提高加工精度。

（9）智能服务。智能服务是一种大数据技术。基于传感器和物联网可以感知产品的状态，进行预防性维修维护，及时帮助客户更换备品备件，甚至可以通过了解产品运行的状态，来帮助客户寻求商业机会。还可以采集产品运营的大数据，辅助企业制定市场营销决策。

3.智能制造为企业的转型升级注入强大动力

智能制造至少从以下六个方面为企业的转型升级注入了强大动力。

（1）智能设计。通过运用智能化的设计工具和先进的设计信息化系统，如 CAX、网络化协同设计、设计知识库等，可以让企业产品研发设计的各环节都能得到智能化的提高和优化。例如，建模与仿真技术的应用，可以缩短新产品进入市场的时间，为企业快速响应市场需求提供有力支持。

（2）智能产品。在智能产品的世界，互联网技术、人工智能和数字化技术正深度融入传统设计，使产品逐步蜕变为互联网化的智能终端。传感器、存储器、传输器和处理器等设备被巧妙地嵌入其中，赋予它们动态存储、通信和分析等能力，不仅让产品具备了可追溯、可追踪和可定位的特性，还使它们能够广泛地采集消费者对于创新设计的个性化需求。这种变革，使智能产品焕发出前所未有的市场活力，让其充满无限的可能。

（3）智能装备。在智能制造模式下，工业生产装备需巧妙地集成与融合信息技术和人工智能等尖端技术，使传统设备具备感知、学习、分析和执行的能力。企业在追求装备智能化转型时，既可从单个设备的智能化入手，也可通过单机装备的互联构建智能生产线或智能车间。

（4）智能生产。在传统的工业时代，产品的价值和价格完全由生产厂商主导，厂家生产什么，消费者就购买什么，生产的主动权完全掌握在厂家手中。智能制造时代，产品的生产方式发生了翻天覆地的变化，不再是生产驱动，而是用户驱动，生产智能化能够完全满足消费者的个性化定制需求，产品的价值与定价不再是企业一家独大，而是由消费者的需求决定，让消费者成了真正的主宰。

（5）智能管理。在智能制造系统中，管理者借助物联网、互联网等技术，实现了智能生产的横向集成，再利用移动通信技术与智能设备，将整个智能生产价值链数字化集成，构建起了一套完整的智能管理系统。此外，生产企业通过运用大数据或云计算等技术，显著提高了数据搜集的准确性和及时性，使智能管理更具效率和科学性。

（6）智能服务。在智能制造体系中，智能服务是连接消费者与企业的桥梁，其核心价值在于实现线上线下的完美融合，即O2O服务。在这个过程中，企业可以通过智能化的生产流程，不断拓宽业务领域和市场覆盖率。同时，利用互联网和移动通信技术，将消费者紧密地与企业生产相连接。这样，企业就能持续收集消费者的反馈和意见，有针对性地优化产品和服务质量，从而提高用户的满意度和忠诚度。

三、智能制造推动企业数字化转型的路径和模式

1. 智能制造推动企业数字化转型路径

随着信息技术、制造技术，以及两者融合深度的不断加强，智能制造呈现出不同的发展水平和发展阶段，企业以智能制造推进数字化转型，具体路径如下。

首先，要秉承"问题导向""价值驱动""成本效益"原则，面向制造装备/单元、车间/工厂、供应链/产业链等制造实体不同层级，围绕设计、生产、管理、服务等制造全生命周期业务流程，梳理数字化转型需求，明确定位问题，设定总体目标，开展规划设计，分步工程实施。

其次，要根据企业所在行业特点、企业规模、预期投入等实际情况和需求，设定数字化转型总体目标。综合考虑资金投入、技术人才、合作伙伴、集成商等因素，制订详细的实施方案。

2. 智能制造推动企业数字化转型模式

智能制造推动企业数字化转型模式如下。

（1）基于数字模型的设计制造协同。基于云平台协同技术，建设支撑

复杂产品设计制造协同平台，应用系统工程、知识工程、专业仿真、数字孪生及基于模型的设计、制造、验证、服务技术，打通从设计到制造的全三维过程，在计算机虚拟环境中实现从产品设计、零件制造、整机装配到试验的全过程数字化建模、仿真与虚实映射，实现数据驱动的产品开发与技术创新，以提高设计效率，缩短研发周期，并提高产品研制成功率。

（2）数字化工艺设计与仿真。建设基于云平台的综合几何、功能、控制、物理等特性的统一数字化模型库、知识库与制造数据，构建制造资源的网络化共享模式，应用数字化建模与仿真、数字孪生、工艺知识分析等技术，应用数字化工艺设计仿真，以及智能决策优化等相关软件工具，在虚拟环境中对制造系统进行多学科联合仿真优化，通过制造机制分析、工艺过程建模和虚拟制造验证，实现工艺设计数字化，以提高工艺开发和创新效率，保障工艺可行性，并提高工艺设计质量。

（3）智能化车间或生产线。围绕产品高质量和准时交付需求，依据零件加工、表面热处理、部装和总装等工艺特点，合理设计智能化生产组织模式，建设智能化车间或生产线，实现智能化生产。针对生产过程中涉及的产品、制造系统和制造流程，建设智能车间或生产线数字化模型，形成数字化制造系统模型与物理制造系统的虚实映射，通过人、设备、物料、环境等生产资源信息的互联互通，将信息直接反馈到数字化制造系统模型，实现制造系统的实时动态仿真，来支持制造系统的资源评估、预测、优化与重构，以提高生产制造的柔性和质量。

（4）最优能力配置的网络化协同供应链体系。基于大数据、人工智能、物联网等技术手段，打造网络化多级协同供应链体系，形成基于产能需求的供应链网络动态供给能力，实现内外创新资源、生产能力和服务能力的高度集成，生产制造与服务运维信息的高度共享，增强资源和服务的动态分析与柔性配置能力，实现全产业链协同的最优能力配置。

（5）面向产品全生命周期的柔性化服务保障。应用物联网、数字孪生、大数据等新技术，建设人、机、物互联互通的装备运营服务保障平台，构建装备的数字孪生模型，形成基于数字孪生的服务保障能力，支撑远程运维、故障预测、健康管理，以及智能决策等，形成面向产品全生命周期的柔性化保障模式，以提高装备响应速度与效率，并降低装备运维成本。

四、最终实现企业智能制造与智能运营管理

1.智能制造

随着信息技术、自动化技术、机器人技术，以及人工智能技术的发展，制造业实现智能制造是大势所趋，企业应该把智能制造纳入企业长远发展的战略规划。

（1）标准化是企业实现智能制造的基本条件。只有建立了标准化的生产和管理体系，才能真正实现高效、高质量、高柔性的生产。制造业实现标准化主要包括以下几个方面。

①管理标准化。实现企业内部管理各环节的标准化，建立标准化的考核机制，标准化的KPI，标准化的数据定义，不要让各个部门对数据产生歧义。

②研发标准化。研发部门应该尽量模块化、标准化，在研发体系内推广面向装配的设计方法，以降低产品装配的复杂度。

③供应链的标准化。在供应链体系建立标准化采购体系，使整个采购处于可控状态，不要把采购问题遗留到制造阶段。

④生产标准化。每个新产品都应该建立标准的装配流程，为后续实施

信息系统打好基础。

⑤品质标准化。在产品设计阶段，要将产品的品质要求标准化，在产品生产环节和品质验收环节应根据品质标准进行验收。

⑥包装标准化。设计低成本的包装标准化。

⑦其他标准化。与生产运营相关各个环节都应该被标准化。

当然，不能为了标准化而标准化，应根据企业实际情况，逐步实现标准化，首先要从研发开始实施标准化，因为研发是产品的源头。

（2）智能化是持久战。经过标准化和数字化，企业便拥有了迈向智能化的坚实基础。当然，这3个过程也可以交叉进行，但需要强调的是，智能化并非一蹴而就的过程，需要长期坚持。企业需要根据自身的经营需求，充分利用信息系统生成的数据进行智能化分析，进而给出决策。在智能化的初始阶段，企业要关注如何自动化地分析数据，并为管理者提供有用的决策支持数据。到了高级阶段，企业不仅要自动化地分析数据，更要自动化地进行决策。

在智能化的道路上，企业不仅要灵活运用各种信息系统和数据来进行决策支持，还要不断探索和实践，找到最适合自己的智能化模式。这是一场持久而又充满挑战的旅程，但只要企业持之以恒，就能实现智能化，并在激烈的市场竞争中立于不败之地。

2.智能运营

借助大数据和AI技术，智能运营可以全面引导企业实现数字化革新，并以此提高运营效率，强化竞争优势。

所谓智能运营，指的是利用大数据、人工智能等技术，实现企业运营过程的自动化、智能化，来提高运营效率、降低成本、提高客户体验。

在企业的数字化转型过程中，智能运营具有显著的优势，可大大提高企业的运营效率、降低成本、提高客户满意度、优化内容传播和增强竞争力。面对市场竞争和客户需求的不断变化，企业应充分认识到AI的重要性，并积极投入资源开发和应用AI技术。

智能运营包含五大要素创新人才、数据支持、应用智能、云赋能以及智能生态。全面整合这5大要素，有助于企业实现持续的颠覆性业务流程变革，从而在当前和未来的市场竞争中脱颖而出。

（1）创新人才。面向未来的人才，不仅要具备创业精神、创造力与合作能力，还要具备用创新方法解决问题的能力。企业应进一步提高敏捷性，采用更为灵活的招聘流程，从开放式的人才市场挖掘优秀人才。

（2）数据支持。企业要捕捉来自四方的内外部海量数据，包含结构化数据和非结构化数据，通过数据洞察可以助力创新团队实现卓越的绩效成果。

（3）应用智能。自动化、数据分析和人工智能等是拉动业务和流程转型的最主要的力量。除了这些工具，企业还要组织创新人才发现企业亟待解决的问题，并为其提供相应的人员、连接和技术，最终找到问题的答案。

（4）云赋能。部署具备企业级的数字化解决方案，既能保证安全又要随时可用，而云基础架构就能实现这一目标。

（5）智能生态。面向未来的企业要在整个生态系统中建立更密切的合作关系，充分挖掘市场机遇。例如，与初创企业、学术界、技术和平台供应商达成共生性合作伙伴关系，通过紧密合作实现共赢。

后 记

降本增效是一个长期坚持的过程，不能一蹴而就，需要从"顶层设计、组织重视、流程完善、机制建立和系统支持"等多方面展开，需要企业持续投入精力和资源，知行合一，不断探索和实践，缺少任何一方，都无法达到理想的效果。

最后，我们要明确这样几个问题。

任务：

降本增效的首要任务在于全方位剖析企业运营，精准识别成本耗费环节与效率滞后领域，通过优化生产流程、提高管理效率、降低运营成本等手段，实现企业可持续发展。只有明确各部门在成本控制和效率提升中的核心任务，才能构建协同合作的工作模式，实现整体效益的优化。

方向：

以增强企业核心竞争力和可持续发展能力为指引，确立清晰且长远的降本增效战略愿景，通过持续的降本增效活动，打造成为行业内成本控制最优、效率最高的企业，这个是方向。所以要设定阶段性的量化目标，确保降本增效工作与企业长期发展规划相契合。

方法：

综合运用多种科学方法推进降本增效，如精益生产、流程优化、资源整合、技术创新等。精心设计实施步骤和计划，遵循严谨的逻辑和科学的路径，保障措施的有效性和可操作性。

资源：

为确保降本增效活动的顺利实施，要充分整合和利用各种资源，包括高素质的人才队伍、充足的物质保障、全面准确的信息、先进的工具设备等。确保资源的合理分配与高效利用，为降本增效提供坚实支撑。

知识：

鼓励团队成员不断学习新知识、新技能和新方法，通过参加培训、研讨会等方式提升专业素养。在降本增效活动中，要积极鼓励试错和反思，从失败中吸取教训并积累经验。同时，建立知识分享机制，促进团队成员之间的交流与合作，共同推动降本增效活动的深入开展。在实践中不断探索、总结和发展知识，形成系统的理论架构。

能力：

着重培养和提升员工在成本管理、效率优化、风险应对等方面的综合能力。打造敏锐的市场感知、创新思维和坚定的执行能力，以适应不断变化的市场环境。同时，我们也要关注团队成员的心理素质和态度的培养，通过团队建设活动和激励机制激发他们的积极性和创造力。

阻力：

克服传统观念束缚、体制机制僵化、部门壁垒等问题；化解可能出现的利益冲突、资源短缺、技术瓶颈等障碍，为降本增效创造有利条件。

动力：

塑造积极的价值观和强烈的信念，激发员工的内在动力和创新活力。通过树立"降本增效、人人有责"的价值观和信念，增强员工的责任感和使命感；通过满足员工的合理需求和动机，激发他们的工作热情和创造力；通过举办各种活动和竞赛等形式，营造积极向上的工作氛围和团队精神。营造鼓励创新、追求卓越的文化氛围，为降本增效注入持久动力。

监控：

建立严密的监控机制，实时跟踪降本增效举措的执行情况；运用科学的评估方法进行效果评价，对比预期与实际成果，及时反馈并调整策略。通过对新做法的运行情况进行实时跟进和评估，及时发现并解决问题；通过与其他企业进行比较和分析，能够了解自身的优势和不足；通过收集员工的反馈和建议，能不断完善和优化实施方案；通过巩固成果和总结经验教训，能确保降本增效活动的持续有效进行。

改进：

通过严谨的验证和全面的总结，提炼有效策略和方法。有效复盘持续改进，将经验转化为制度规范，持续优化工作流程和管理模式，推动降本增效向更高水平迈进。

在降本增效过程中，我们要放眼全局，达到整体最优解。通过践行新质生产力，打造发展新优势。相信在广大企业经营管理者的共同努力下，通过借力借智，就一定能够在激烈的市场竞争中脱颖而出，实现更加辉煌的未来。